中国村庄社会变迁研究

鲁西南老凹张村的百年演变史

■ 张 杰 著

知识产权出版社
全国百佳图书出版单位

图书在版编目（CIP）数据

中国村庄社会变迁研究：鲁西南老凹张村的百年演
变史／张杰著．—北京：知识产权出版社，2016.12
　　ISBN 978-7-5130-4568-1

　　Ⅰ.①中… Ⅱ.①张… Ⅲ.①农村—社会变迁—
研究—莘县 Ⅳ.①C912.82

中国版本图书馆 CIP 数据核字（2016）第 265751 号

内容提要

本书用丰厚的史料和朴实的文笔记录鲁西南一个普通的村庄——老凹张村的百年演变史。从自然、政治、经济、文化、人物五个部分全面展示了老凹张村的各个方面的变化。记述了村民在漫长的岁月中和睦友善，共同用勤劳的双手创造美好的家园；记述了村民为争取民族解放独立、不怕牺牲的英雄壮举；记述了改革开放以来，村民物质文明建设和精神文明建设的新面貌。让读者从村庄平凡的历史中看到历史演变的规律，看到社会的变迁和国家的发展。

责任编辑：王颖超　　　　　　责任校对：潘凤越
封面设计：联创睿合　　　　　　责任出版：刘译文

中国村庄社会变迁研究：鲁西南老凹张村的百年演变史
张　杰　著

出版发行：知识产权出版社 有限责任公司	网　　址：http://www.ipph.cn
社　　址：北京市海淀区西外太平庄 55 号	邮　　编：100081
责编电话：010-82000860 转 8655	责编邮箱：wangyingchao@cnipr.com
发行电话：010-82000860 转 8101/8102	发行传真：010-82000893/82005070/82000270
印　　刷：北京中献拓方科技发展有限公司	经　　销：各大网上书店、新华书店及相关专业书店
开　　本：720×1000 毫米　1/16	印　　张：13.75
版　　次：2016 年 12 月第 1 版	印　　次：2016 年 12 月第 1 次印刷
字　　数：220 千字	定　　价：39.00 元

ISBN 978-7-5130-4568-1

20世纪90年代老凹张民居及村民　　　　　　2015年有车有房的老凹张村民

2015年老凹张村民家中厨房

2013年老凹张村民做电子加工产品　　　　　　2013年老凹张面粉厂

20世纪80年代老凹张村部　　　　　　　　2016年老凹张村部

1990年老凹张村全体党员　　　　　　　　2016年老凹张村部分党员

2016年老凹张村红白理事会成员

1983年三仓小学(大张家镇
中心小学前身)　　　　　　　　　　　2005年大张家镇中心小学教学楼

2000年老凹张小学

1986年张先宝校长在工作中　　　　　　2000年老凹张村教师研讨会
　　　　　　　　　　　　　　　　　　（正中讲话者为张先锋）

张先成

张先成获得的奖章

张绪交档案

张绪交烈士证明

张家银复员证

张宪增

序

　　史书载国家大事，流传久远，传信于后人。历代皆重史书，鲁之《春秋》为春秋时期著名史书。明代以后，专记地方历史沿革、风俗文化开始盛行。村庄社会变迁记地方之事，虽传之不广，却足以备史书之采。

　　村庄的社会变迁研究，是史学大厦的砖石，但撰写起来是一项艰巨而复杂的工作，时间跨越数百年，涉及千家万户，方方面面。资料浩繁，可考资料少，要从大量繁杂的回忆录中寻找，尤其是外出多年的村民，是否对家乡有感情，需要全体人员分工协作、紧密配合，在很大的毅力支持下，一般历经几年才能完成。

　　山东外事翻译职业学院、山东财经大学教师张杰几年来一直搜集、整理资料，联系村里出去的到全国各地，如东北、贵州、北京、石家庄的人员，包括战争期间的老革命家及他们的后代。在上课之余经过半年多辛苦撰写，完成了多人合作多年才能完成的《中国村庄社会变迁研究：鲁西南老凹张村的百年演变史》。

　　拜读之余，深有感触，为作者丰厚的史料、凝重朴实的文笔而折服。本书体例完备，作者从自然、政治、经济、文化、人物等方面详细论述，从一个小村庄折射国家从明朝到今天现代化建设的发展变化，歌颂了党的领导。也了解到这个偏远小村庄虽未闻名于世、历代人才不多，但有浓厚的人文底蕴，近年来人文兴盛。这一方水土养育出了一批杰出儿女：战斗机飞行员、核潜艇专家、军人英雄、商业家、华侨、音乐家、教育家……浓缩了整个社会。

　　对老凹张村发展演变的历史进行梳理，是全村人民生活中的一件大事，是村庄发展史上的一座丰碑，是进行爱祖国、爱家乡教育的好教材。《中国村庄社会变迁研究：鲁西南老凹张村的百年演变史》的写作代表了乡村文化建设的新方向，也为大张家镇其他地方的文化建设树立了榜样，值得提倡推广。

山东省莘县政协副主席

莘县大张家镇党委书记

2016. 9. 20

前　言

国有国史，县有县志。可是，村史就不多见。更何况是一个偏远的村庄，没有发生过令人瞩目的大事，没有出现过不同凡响的人物。但是辩证地去看，大地方有其发展优势和特点，小地方从小角度更能映射出国家大局的发展。正因为老凹张村是鲁西南的一个普通村庄，经历平常，才使我们能从平凡的历史中看到历史演变的规律，看到社会的变迁和国家的发展。

一、撰写老凹张村史的目的和条件

（一）反映中国村庄经济发展的特点

20世纪的中国村庄发生了巨大的变化。在1949年前，村庄只是一个聚族而居的村落，自1956年完成农业社会主义改造后，特别是实行了"政社合一"的人民公社以后，村庄就变成了一个经济单位——"大队"。这种集体经济发展了20余年，积累了大量的集体资产。

新中国建立以后的60多年里，村庄充当着国家与农民之间的中介作用。改革开放后，随着"政社合一"的人民公社解体，村委会不再作为农村的基层政权组织，也不再像过去的大队那样是农村经济的经营管理者，而成为村民的自治组织。

2016年，在新的政治经济体制下村委会正扮演着双重角色：一方面它作为村民选出的机构，代表着全村的共同利益，实施社区各方面的管理功能；另一方面，它又作为乡镇政府向下延伸的管理机构，贯彻政府意图、承担政府交办的具体事务，在宅基地的审批、村基础设施建设、责任田、计划生育管理等方面仍发挥着重要作用。了解以村庄为单位的农村、农业、农民的变化，可以补充从国家或区域的宏观角度研究的不足，成为"三农"工作研究的补充部分，增加对现代化过程中农村和农民的认识，增强国家"三农"工作的力度。

（二）撰写老凹张村史的条件

首先，老凹张村作为一个普通的村庄，既能够浓缩中国农村 100 多年来的变化，又具有自己的特点。20 世纪 80 年代起，老凹张村委会的职能从经营集体经济为主转向为村民提供服务为主，可以为研究村委会作用提供极有价值的借鉴。

其次，撰写村史，不仅得到县、乡政府有关机构以及村委会的积极支持，而且得到村里许多老同志的热情帮助。

最后，老凹张村虽然具有一定写作条件，但在村里找一个能写村史的人很困难。年轻人有文化，但对本村历史了解感受较浅；年岁大的人对本村历史知之较多，但一般文化不高、写作有困难；即使两个条件都具备，但没有人愿为此吃苦；聘请资深的专业写作人员来写，掌握的材料有限，难以写出内在的情感。因此，写村史受文化、知识、精力和兴趣的限制。不少人想为村写志，表达对家乡的热爱、把美好的乡俗世世代代传承下去，但随着时间的推移，一代又一代人离开家乡，永远离开了这块黄土地……本书的作者符合上述三个条件。出生于老凹张村，通过个人奋斗，获得双硕士学位，担任山东外事翻译职业学院、山东财经大学教师，出版书籍多部，发表论文多篇；在本村生活 20 多年，工作之余常回家看看，对老凹张村半个多世纪以来的变化比较了解，收集资料和进行访谈也很容易。尽管笔者上课、科研压力很大，但报效家乡和社会的热情不减。

（三）老凹张村史的结构和史料基础

时间方面，本书主要叙述 20 世纪老凹张村发生的变化，下限记述到 2016 年。按照详今略古的原则，重点叙述新中国成立以来特别是改革开放以来的历史。

资料来源方面，主要依靠两个方面，一是目前能够找到的文字资料，如家谱、村委会档案、大张家镇政府办公室提供的资料、《莘县县志》等有关资料。二是许多过来人和当事人的回忆以及互相印证的材料。

结构方面，尽可能地将历史脉络与逻辑分类结合起来，前言简单介绍了老凹张村百年历史的社会和历史背景，并提出了一些思考性问题，以帮助读者理解。正文前设政事纪略，简要记述老凹张村100多年来发生的大事，让读者对老凹张的村史有个直观的印象。正文按照自然、政治、经济、文化、人物5个部分排列，共13章。第1~3章，主要对老凹张村的自然环境、村庄的来历、人口状况以及基础设施作了概况性的介绍。第4章，主要是叙述老凹张村党政及各种组织机构的变迁，包括党、政、群众组织以及党支部、村委机构的管理能力。第5~8章对老凹张村的经济发展史作了比较系统的叙述，包括土地制度的变迁、农业的发展演变及家庭副业、商贸金融等各业的发展。第9~12章是叙述老凹张村的文化、教育、医疗卫生等方面的变迁。第13章是介绍老凹张村各行各业的人物。

二、20 世纪老凹张村社会经济变化的历史背景

20 世纪，是中国农村村庄经济和社区功能发生重大变化的一个世纪。传统的中国村庄以家庭为生产和消费单位的自然经济受到了各方面的剧烈冲击。

首先，来自工业化和市场化的冲击，改变了中国农村几千年来形成的传统农业经济，使得农民在扩大与外部世界交换产品的同时，生产和消费超出了家庭的范围，即以工业化、市场化和城市化为标志的农村现代化。

其次，来自经济体制变革方面的冲击。新中国成立60多年来，中国一直在进行经济体制改革，农村的经济体制的变革更为剧烈、影响更为深刻。

（一）1949 年前的旧中国经济

中国的农村经济呈现周期性的恢复、发展、繁荣、停滞、衰退，然后再进入恢复阶段，这一螺旋式的发展，在政治上表现为改朝换代。历史上因政府的过度压迫和剥削政策导致覆亡的有秦、隋、元，由民族融合引起震荡的有南北朝、五代十国。历朝历代农业始终是社会的主要产业，是商业、手工业发展的基础。从唐朝以来，人们对耕地一直有强烈的占有欲

望。鸦片战争前，农业接近发展的顶点，生产水平能够养活众多的人口，部分人可以通过占有和转让耕地增加收入，但大多数人提高生活水平只能通过提高单位面积产量和兼业来实现。鸦片战争后，随着外国资本主义侵略，中国的经济结构由过去地主占统治地位变成帝、官、封占统治地位，封建经济演变成半殖民地半封建经济。

清末民初，社会经济落后、内忧外患交织。甲午战争的失败加深了中国的半殖民地化，割地赔款、帝国主义列强划分势力范围，暴露出清政府无能和民族危机，清政府被迫放弃重本抑末政策，实行通商惠工政策。辛亥革命后，资本主义化是大势所趋，第一次世界大战为中国民族资本主义经济的发展提供了短暂的、有利的外部环境，帝国主义列强基本控制了中国的经济命脉。1911 年 10 月，辛亥革命推翻了清王朝，但政权落入了官僚、地主、买办势力的代表北洋军阀手中，中国陷入军阀混战时期。1927 年国共分裂后，以蒋介石为代表的国民党建立了南京国民政府，1929 年名义上统一了中国，但战争频繁。日本帝国主义侵略给中国带来深重灾难。中国经济发展为：1927～1937 年缓慢发展，1937～1945 年战时经济统治，1945～1949 年国统区经济走向崩溃。

1840～1949 年新中国成立前，旧中国政治经济的特点是：（1）长期战争使国民经济遭到严重破坏；（2）现代经济发展缓慢，传统农业凋敝，城乡之间、区域之间、沿海与内地经济发展极端不平衡；（3）国民经济受帝、封、官的压迫和战争的破坏，发展缓慢。

（二）1949～2016 年的新中国社会经济发展

1949 年 10 月，中华人民共和国建立，中国的社会经济发展进入一个新时期。新中国经济发展以 1978 年党的十一届三中全会为界，分为两个阶段和四个时期。1949～1978 年为第一个阶段，1979～2016 年为第二个阶段。四个时期是：1949～1957 年向社会主义过渡和工业化起步时期；1958～1978 年探索国民经济发展道路和曲折发展时期；1979～1991 年改革开放和国民经济迅速发展时期；1992～2016 年深入改革开放和国民经济走向成熟时期。

在第一个阶段，我国以单一公有制和计划经济为变革目标，向苏联模式的社会主义过渡，当 1956 年提前完成社会主义改造后，才发现并没有表现出预期的优越性。在第二个阶段，我国实行了改革开放，经济体制向多种经济成分和社会主义市场经济过渡，终于找到了一条符合中国国情的社会主义建设道路。

新中国成立 60 多年来的经济发展特点是：（1）经济高速增长。尤其是在 20 世纪 80 年代以来世界各国经济增长速度缓慢的时候，中国经济高速增长。（2）经济发展波动性大。1953 年我国进入大规模经济建设至今，经济增长经历了几次波动。（3）我国始终实行着政府主导型的经济发展。（4）以全民共同富裕为目标。

三、老凹张村历史所揭示的几个问题

老凹张村虽是一个普通村庄，但反映出的问题却有一定代表性。

第一，鲁西南农村企业发展的历史启示。经济的发展和社会的变迁，在自然条件、生产力水平、经济体制等条件下进行。近年来农业已具有商品经济性质，农民的市场意识观念明显。改革开放后，鲁西南乡镇企业崛起，充分利用市场的作用发展经济。

第二，鲁西南模式的成长条件。老凹张村属于典型的鲁西南模式，实行包产到户比较晚。改革开放后，村庄经过 60 多年的发展，产业结构、村民就业结构、生活居住条件等多方面都有很大提高。村民外出从事各行各业，但农业仍是根基。

第三，老凹张村基础设施逐渐完善，安装了自来水、闭路电视、生活电器和电话，道路建设、水电系统、学校、幼儿园、卫生室、环境保护及社会治安逐渐规范化。

第四，人口流动量大。20 世纪末，人口流动表现出四个趋势：人们从经济落后地区流向发达地区；从收入低的行业流向收入高的行业；从种田流向村镇企业；从生活、投资条件差的地方流向条件好的地方。打破了乡村的闭塞和城乡壁垒，使村庄人力资源得到有效利用，是农村市场化的必然规律，但也带来了孩子上学、就业、社会治安、管理等问题。

第五，农村城镇化问题。伴随着市场化和国民经济的发展，农村居民的城镇化是必然趋势，老凹张村正沿着城镇化、现代化道路发展。

目　　录

政事纪略

老凹张村作为国家的一个小小组成部分，与国家同呼吸、共命运，一百多年来也经历了国家走过的所有阶段。经历了抗日战争时期、解放战争时期；新中国成立后的土地改革时期；生产合作化时期的互助组、初级农业生产合作社、高级农业生产合作社；"大跃进"时期的浮夸风、"一平二调"；人民公社时期的"大炼钢铁"运动；国民经济调整时期，贯彻中央"调整、巩固、充实、提高"的方针；"文化大革命"时期的十年动乱。1978年党的十一届三中全会后开始拨乱反正，把工作重点逐步转移到经济建设上来，实行家庭联产承包责任制，村庄生产发展迅速。目前，老凹张村各行各业迅速发展，努力实现小康的社会主义新农村的强村梦。

一、抗日战争时期（1937～1945年）

抗战以前的情况，由于年代久远，知情者很少，所以只能以参照历史资料、老人回忆的办法，将一些重大历史事件，概略记叙一下。据县志记载：明朝276年的统治时期内，社会秩序基本稳定，老凹张村安然发展。自清朝到1912年成立民国政府，聊城地区发生的战乱是太平天国运动。

1937年"七七"卢沟桥事变后，中国很多地方沦陷，日军部队盘踞。日军滥杀无辜，强暴妇女，无恶不作。土匪四起，打家劫舍，社会秩序混乱不堪。

1940年2月，日寇开始"清乡""扫荡"，派大批兵力围攻，乡民饱受其苦。整个沦陷期间，日寇利用汪伪傀儡政府，实行乡、镇、保甲制度，加强对百姓的控制，捐粮捐税，民不聊生。

莘县地方武装游击队或联防队为了保证地方安宁，配合国民党部队与日寇打过几仗。老凹张村发动农民配合军队挖战壕、筑碉堡，以御日军进犯。

抗日战争时期，老凹张村的抗日英雄有张家银、张先成、张宪增等，他们奋勇杀敌，立下军功无数，身上伤痕累累。

二、解放战争时期（1945～1949 年）

1945 年 8 月 15 日，日本宣布无条件投降，喜讯很快传遍了祖国大地。在老凹张这个很偏僻的农村，人们奔走相告，无不欢欣鼓舞。但是国民党的接收官员接管了敌伪政权机构和枪支弹药，宣传共产党为非法组织"匪党"。抗日的硝烟未散，国民党又挑起内战。

在解放战争期间，物价飞涨，币值猛跌，市场混乱，工资转眼贬值，村民生活在水深火热之中，尤其是抽壮丁使不少家庭家破人亡。

1946 年 5 月，中共中央发布《关于土地问题的指示》，宣传土改政策和土地法大纲，开展了土改运动。反恶霸、斗地主、没收地主和富农土地，动员中农献地、献粮、献物，解救贫苦农民。贫雇农分得了土地、房屋，脱离了地主的剥削，得到了解放。解放战争期间，老凹张党支部响应党的号召，听从政府的安排。宣传发动群众提高阶级觉悟，参军参战，以武装革命对付武装反革命，激发群众的革命热情。老凹张村的英雄也是张家银、张先成、张宪增，他们为新中国的缔造立下了汗马功劳。

三、土地改革时期（1949～1952 年）

1949 年，新中国成立后，全国再次进行了土地改革，废除旧的封建土地剥削制度，实现耕者有其田，即平分土地。大张家镇政府组织工作人员进行乡农民协会和乡人民政府的筹建工作。10 月，镇正式成立农民协会，并召开第一次农民代表大会。废除旧有的保甲制度，建立行政村和村民小组，村级农民筹备协会是农民的自治组织，不具备行政职能，负责减租减息和土改等行政工作。

老凹张村积极响应土改政策，土改工作在 1950 年基本完成。1951 年 4 月，农民全部领到了人民政府颁发的土地证，流传几千年的田单废除。人们在自己的土地上辛勤劳动，收获的粮食除了缴纳小部分农业税和征购粮外，剩下的归自己。老凹张村的农民生活，较解放前有了明显的提高。

四、生产合作化时期（1953～1957 年）

1950 年 9 月，老凹张村进行了土地改革后，老凹张农会主任把 6 家农户联合起来，成立一个互助组。有活大家干，有难互相帮，按工计酬，多劳多得，避免浪费人工。互助组完全出于自发自愿，没有政府的参与及指导，发展迅速。为顺利转向初级农业生产合作社打下了良好的基础。

1954 年，在党和政府的号召下，互助组向初级农业生产合作社（简称初级社）转化，经营规模逐步扩大，一般由原来 5 户左右的互助组扩大至 10 户以上的初级社。

1956 年 2 月，党和政府提出了农业生产合作社向高级阶段转化，不仅全乡所有合作社和互助组要转化，单干户、地、富、反、坏分子及其家属都要入社，除了宅基地、一小部分自留地归社员家庭所有外，其余的都归集体所有。高级社运动结束，形成了后来生产大队的规模。

五、"大跃进"时期（1958～1960 年）

1957 年 11 月 13 日，人民日报发表题为《发动全民，讨论四十条纲要，掀起农业生产的新高潮》的社论，号召"在生产战线上来一个大跃进"。

1958 年 5 月，在中共第八次全国代表大会第二次会议上，正式通过了中共中央根据毛泽东倡议而提出的"鼓足干劲，力争上游，多快好省地建设社会主义"的总路线。9 月，在"大跃进"的口号下大张乡建立人民公社，高级农业生产合作社更名为队，改设生产大队和生产队，大刮"共产风"、搞"一平二调"；之后"大跃进"和"人民公社"运动开始。在一天等于二十年，超英赶美的"大炼钢铁"运动中，老凹张村也和全国各地一样轰轰烈烈投入运动中，把各家各户的锅、废铁、铁窗栏都拿去炼钢。当时大张家镇是范县的一个公社。大张、观城设大吕海营，观城是 1 连、2 连、3 连，4 连是原（庄）、岳（庄）、赵（海），郭连庄是 5 连，以连为单位分别建立党支部，老凹张村改编为第 6 连。

六、国民经济调整时期（1961～1965 年）

"大跃进"期间，村里粮食空虚。1960 年 8 月，中共中央提出了"调整、巩固、充实、提高"的八字方针，11月3日，中共中央发出了《关于农村人民公社当前政策问题的紧急指示信》（即《十二条》），彻底纠正"一平二调"的错误，允许社员经营少量的自留地和家庭副业，从各方面节约劳动力，加强农业生产第一线。村内开始纠正"五风"，清退平调的集体和社员财产。这些符合农民利益的措施大大调动了农民生产的积极性，粮食产量明显回升。

七、"文化大革命"时期（1966～1976年）

1966年春，自从姚文元批判《海瑞罢官》的文章在报上刊登以后，一场史无前例的"文化大革命"在全国各地拉开了序幕。县委成立了"文化革命"领导小组，各中学"停课闹革命"，全县各地学校、乡镇和农村约6万余名青少年自发地组织"红卫兵""造反队"等各种革命组织。

9月下旬，红卫兵造反派开始"大串连"。10月份，造反派斗争矛头由"黑五类"转向了"当权派"，凡是执政干部统统靠边站。社会一团乱麻，粮食产量锐减。把生产上的"大呼隆"、分配上的"大锅饭"当作集体经济的优越性，把种自留地、搞家庭副业当成资本主义尾巴割掉。在"十年动乱"中，局势再乱，老凹张村没有闹革命停产的现象。但社员的自主权更少了，劳动强度增加，生活水平下降了。

八、拨乱反正前后（1977～1982年）

1976年10月粉碎"四人帮"后，"十年动乱"结束，全国人民无不欢欣鼓舞。对民兵组织进行了较大调整，村庄开始用电照明。1978年党的十一届三中全会后，全党工作的重点转移到经济建设上来。逐步推行和完善了家庭联产承包责任制。大队结合本村实际，推行了多种形式的生产责任制。废除了"凭推荐上大学"，恢复了高考制度，"四类"分子全部摘帽，死去的冤魂也得到了平反昭雪。本村右派张重慎平反后恢复原职，回河南省濮阳市政府工作。

1979年2月17日，对越自卫反击战开始。老凹张村的英雄张绪交牺牲在越南战场，消息传来，全家悲痛，继而感到骄傲，也是全村的骄傲。

1980年，贯彻地委"粮棉一齐抓、重点抓棉花"的指示，棉花种植逐年扩大。在农业迅速发展的同时，大批劳动力转向了收益更高的工业、建筑业、交通运输业和商业。

九、实行家庭联产承包责任制以后至 20 世纪末（1982～2000年）

1982 年实行家庭联产承包责任制以后，生产队集体经营的土地重新又回到了农民手中，大大激发了农民的生产积极性。

国家政策使人们安心搞生产，过去农业发展"面朝黄土背朝天"，现在机械化科学种田。随着经济的腾飞，在衣、食、行、生活消费方面都有了明显改观。

1983 年，山东省莘县张海迪身残志坚、努力进取的事迹享誉全国，成为当代"保尔"。老凹张村青年学习张海迪，树立正确的人生观、价值观，培养成为"有理想、有道德、有文化、守纪律"的新型青年。

1984 年，村民张重杰第一个买来彩色电视机，人们看到了电视上人的模样、花草的颜色。1986 年，村民张绪朋承包大张家镇韩庙面粉厂，成为村庄第一个老板。1987 年，村民张绪省开办第一家商店，在自家经营烟酒糖茶、油盐酱醋副食的销售。

1989 年，村庄划出 400 亩果园，种植苹果、梨、桃等各种果树。这一年，全村考出了第一个大学生，杨喜亮从莘县一中毕业考上郑州畜牧兽医专科学校。1990 年，张先宝校长的女儿书君（本书作者张杰小名）考上聊城大学英语系，成为第一个女大学生。1991 年，张先起（相生）女儿张春玲考上山东省烟台财政学校，是村庄第三位大学生。三位大学生彻底改变了村庄自古以来没有高等文化人的状况，开启了村庄学子努力拼搏、用知识改变命运的追求，为村民培养孩子求学树立了信心。因为村庄重男轻女思想严重，两位女大学生为本村女孩树立了榜样，是对封建传统思想的挑战，并取得了胜利。

1991 年，二胡演奏家、国家一级演奏员张绪斌在中南海警卫局礼堂演出获奖，受到国家领导人的亲切接见并合影留念。

1992 年邓小平"南方讲话"以后，全国再次掀起改革和发展的浪潮。1993 年 3 月，中共中央办公厅、国务院颁发《关于切实减轻农民负担的紧急通知》；同年 7 月，全国人民代表大会通过《农业法》，农民负担减轻，劳动热情更高。1994 年，地方政府实行派购，人均分配任务籽棉 30 斤。

2000 年，第五次人口普查，老凹张村 3.7 人/户，呈向小家庭规模发展趋势。年底，结合低压线路改造，集资换电线杆、换电线、换电表，实现达标用电。同年，村庄安装了自来水，家家户户通自来水。

十、21 世纪的老凹张村（2001～2016 年）

历史的车轮滚滚向前，改革开放不断深入。老凹张村在中国共产党和人民政府的领导下，满怀信心以新的步伐跨入 21 世纪，努力建设老凹张的美好未来。

老凹张村党支部带领村民努力奋斗，发展经济奔小康。2001 年合并乡镇后，大张家镇是全县 22 个乡镇之一。这年，老凹张村安装了路灯。

2002 年，村里出现小灵通。

2003 年年底，全村人均纯收入达到 3000 元。开始蔬菜大棚种植。

2004 年，根据村村通公路建设计划，村重新规划、搬迁取直，修建宽5 米的油漆路。

2005 年，张书君（作者）在工作 15 年后，考上双硕士研究生：山东师范大学英语教育硕士、南昌大学人文学院历史学硕士，是村庄有史以来第一位研究生，对后来学子追求学业有更大的带动作用，引导他们走上学术的高端。同年，村民张进房开办第一家超市，与城里超市一样，生活用品、生产物资……一应俱全。

2006 年，村民张绪省的儿子买来第一台电脑，连上网线，并开了电信点，为村民修理手机、电话充值。

2007 年，村民张宪印购买小麦联合收割机。

2008 年，张永杰在邻村道士路建金裕住宅小区、金裕面粉厂。

2016 年，张德生购买第一辆玉米联合收割机。村里搞乡村文明建设，整饬街道，平整划一，沿街不许堆垃圾杂物，每条街上都有定点的垃圾桶，村庄安排了专门的保洁人员，与城里一样定点清理。沿街统一种上向日葵、剑麻等花卉，进村映入眼帘的是各式花朵。村庄面貌发生了根本性转变，目前正朝花园式村庄迈进。

老凹张村沐浴着党和国家政府科学发展观的春风，各行各业努力发展，进入中国梦时代。国家实现强国梦，老凹张村也努力实现小康的社会主义新农村的强村梦。

第一章　建置沿革与自然环境

老凹张村位于山东省莘县西南部，山东省与河南省交界处，在两省（山东、河南）三县（范县、清丰、莘县）之间，鲁西平原西南首、九曲黄河之滨。属暖湿带季风大陆性气候，春夏秋冬四季分明，年均气温13.4°C，年均降水量625毫米，无霜期199天。肥水沃土，气候适宜，为农作物的生长提供了得天独厚的自然环境。

老凹张村东西长约700米，南北最大宽度460米，总面积约300亩。村庄西面与河南省为邻，北与观城镇郭连庄村为邻，东为大张家镇道士路村，南与大张家镇邓庄村接壤，东西南北柏油马路与外界相连，村内有东西油漆路三条：南街、前街、后街；南北油漆路三条：东路、中路、西路。纵横交错形成交通网络，为老凹张村发展经济提供了便利和契机。

第一节　建置沿革

一、莘县大张家镇的自然概况及历史沿革

老凹张这个普通的小村庄在偌大的地球上，和浩瀚的历史海洋相比，它的存在只是沧海一粟。它的诞生、发展要从上属单位——莘县大张家镇的自然概况及历史沿革说起。

大张家镇位于莘县西南部，距县城56公里，地处中原油田采油三厂，在两省三县之间，区位优势明显，交通便捷，是聊城市工业重镇、经济强镇。全镇47个行政村，人口4.3万人，总面积58.26平方公里。属黄泛平原，地势平坦，土层深厚，境内资源丰富，初步探明石油储量3000多万吨，天然气储量10亿多立方米。主要河流有徒骇河、东池干渠、马陵沟、

彭楼灌渠，境内流长 22.3 公里。

大张家镇历史久远，风景秀丽，远有"马陵之战"古战场遗址，近有红庙村中共冀鲁豫区党委旧址暨中共中央冀鲁豫（平原）分局旧址，正在开发建设徒骇河源头水系景观和仙鹤湖湿地风景区，与"江北水城·运河古都"紧密相连。特钢、塑编是镇优势特色产业，"中国特钢、江北大张"的品牌影响力不断提升。近年来，大张家镇先后被授予全国创建文明村镇工作先进乡镇、全省文明村镇、省基层党建示范点、全省平安建设先进基层单位、山东省信访先进单位、山东省理论宣讲先进单位、全市"五个好"乡镇党委、全市民营经济十强乡镇等荣誉称号。

大张家镇在 1952 年平原省撤销之前归观城县。观城县古代称观国；春秋属卫国；汉代置畔观县；东汉改卫县；北魏改卫国；隋代复改观城，属兖州武阳郡；唐代属河北道澶州；宋代属河北东路开德府；金代属大名府路开州；元代属中书省濮州；明代属山东省东昌府濮州。据宣统《聊城志》记载：明朝山东布政司治聊城，领三州十五县，清朝因袭，雍正十三年（1735 年）升曹州为府，割府之濮州范县、观城、朝城属焉。嘉庆《东昌府志》、光绪《莘县志》、康熙《朝城县志》、道光《观城县志》、民国《朝城县续志》都有类似记载。

《山东省志》记载：明初沿袭元朝行省制，后改为 13 个布政使司。洪武元年（1368 年）置山东行中书省，洪武九年（1376 年）改为山东承宣布政使司，将省会从青州移至济南，辖济南、东昌等 6 府。东昌府辖濮州，濮州初治鄄城县，洪武二年（1369 年）鄄城县归入濮州，辖范县、观城、朝城 3 县。清顺治、雍正、乾隆年间一直如此划分。

1949 年，莘县改属新设的平原省聊城专区。1952 年 7 月，观城县与朝城县合并为观朝县，属平原省聊城专署。同年 11 月，平原省撤销，莘县属山东省聊城专区。

1953 年，实行普选，设三个选区。大张是观朝县的第五区。1956 年 3 月，观朝县撤销，大张属观城区。1958 年 2 月撤区建乡镇，大张是范县的一个乡。是年 9 月撤乡镇建公社，大张是范县的一个公社。12 月，撤销莘县，大部分划归范县，燕店、王丰两公社划归冠县。

1961 年 10 月，莘县复置，划归范县、冠县地重回莘县。1964 年 9 月，范县划归河南省，金堤以北的樱桃园、古城、古云集、观城、王庄集等 5

个区划归莘县。1964 年，大张随观城区划归莘县。

1971 年撤区建公社，大张成为莘县辖下 21 个公社之一，属新建区级单位，公社驻地在大张家村西。

1984 年，县乡行政规划，取消人民公社，实行乡镇制，莘县 4 个办事处，5 个镇，23 个乡，104 个管理区，1133 个村民委员会，1168 个自然村。大张乡是莘县辖下 28 个乡镇之一。为与聊城的大张相区别，更名为大张家乡。1987 年大张家乡改为镇。大张家镇辖 5 个管理区，45 个行政村，41 个自然村。孙庄管理区辖老凹张等 7 个行政村。

2001 年合并乡镇后，大张家镇是全县 22 个乡镇之一。

2009 年 3 月，莘县成立燕塔、莘亭、东鲁、莘州四个街道办事处，大张家镇是全县 24 个乡镇、街道办事处之一。

至 2016 年，大张家镇行政关系一直未变。

二、老凹张的村名由来及隶属沿革

老凹张村，县乡行政登记为"老洼张"，实际应是"老凹张"，村政府公章也是"老凹张"。"凹"是多音字，多读作 āo，人名、地名读作 wā。因不好写，常以"洼"字代替。老凹张因张姓居多、地势低洼，而得村名。又因村头河边常年有鸟类，尤其是乌鸦（当地俗称老鸹）鸣叫，当地百姓俗称老鸹张。

据《张氏族谱》记载：始祖原籍山西平阳府洪洞县，明永乐十三年（1415 年），始祖张姓兄弟四人仁、义、礼、智奉旨东迁，临别时共同有铁灯一盏以备后世团聚之证。此后长门兄长落居观城县老凹张，二门兄长落居东阿县皋上村，三门兄长落居河南省清丰县楼张家，四弟落居河南省清丰县罗寨，兄弟们虽然处于异省别县，但省县交界，村居相邻。

老凹张村自明朝至今，属于一个行政村，隶属于山东观朝县、观城县、莘县。

1983 年 4 月，政府撤销公社管理委员会，恢复乡人民政府，下设村民委员会，老凹张大队改称"老凹张村民委员会"。

1994 年，老凹张村成为行政村。老凹张村随着大张家镇的更名规划走，村名始终未变。

2016 年，老凹张村归大张家镇孙庄管区管理。

第二节　自然环境

一、地形

村庄的地层为新生界第四系地层覆盖，其岩性主要为厚砂黏土及砾石组成。砂质黏土，含铁、锰结核和钙质沉积物，密度较硬，厚度 2～4 米，最深处可达 9 米以上。底部为砾石及残积层，下伏古生代地层，呈不整合接触。地质构造属华北地台。

老凹张村位于黄河北岸，属黄泛冲积平原河槽洼地，整体是平原，地貌呈现为三大块：

（1）村庄西部、南部较为平坦，灌溉条件好。20 世纪 90 年代乡镇统一规划为果园，种植苹果、梨等果树。

（2）村北是多年种植土壤，土质较好。

（3）西北多为盐碱滩，盐渍化程度较重，不长庄稼草木，现在已变成良田。

河流东侧几百亩地位于道士路、孙庄、老凹张三个村庄中间，是一座砖窑厂，供应方圆几十里的村民农房、轻工业等建筑用砖。多年的开采导致土壤枯竭，2010 年窑厂被关闭，今天重新成为良田。

二、土壤

村南、村北、村东土壤基本上算肥沃，尽管受当时耕作条件和技术的影响，靠天吃饭，粮食产量不高，但千百年来养育了一代又一代人。现代农业在化肥、农药等科学种田条件下，粮食普遍高产，朝农业现代化发展。

西北土地的土壤盐碱度高。20 世纪 70 年代初，成片盐碱地，寸草不生。邻村百姓盖房时房顶需碱土都到这里来拉。那时没有洗衣粉、肥皂，不少妇女去扫地表碱土，洗衣效果很不错。新时代，机械化、科学种田，在村干部领导下，有些村民辛苦开荒，现在再也见不到盐碱地，到处是绿油油的庄稼，几乎没有一块荒地。

2016 年，村有土地 1153 亩，其中耕地占 90% 以上。林地多在田间地头河边，占 2%；交通占 2%；未利用土地占 2%。

三、气候

老凹张村居暖温带半干燥地区，是大陆性半湿润季风气候，四季分明。春季温度提升快，具有显著的季节性变化和季风气候特征。

日照时间冬短夏长，年日照 2231.1 小时，年日照率为 58%，以 6 月份最多，平均每天大于 8 小时，4、7、8 月份次之，每天接近 8 小时。年均气温 13.4℃，2009 年出现极端最高温 41.8℃，1990 年出现极端最低温 -20℃；最冷月份为 1 月份，平均气温 -1.9℃；最热月份为 7 月份，平均气温 26.8℃。

春季温度变化大，降水少，常刮风，风大时能有沙尘暴，因此形成春旱；夏季高温多雨，常有暴雨、冰雹、雷电等强对流天气，造成洪涝灾害；秋季秋高气爽，气温下降快，气温低；冬季干燥寒冷，雨雪稀少，北风凛冽。

全年降水量平均为 501.9 毫米。降水年际变化大，最多为 2003 年的 778.1 毫米，最少为 2001 年的 256.1 毫米。干旱年多于丰水年，易形成连年干旱或旱涝交替。7 月份降水量最多，平均 127.1 毫米，1 月份最少，平均为 4.1 毫米。年均总蒸发量为 1538.8 毫米（水面），是年均降水量的 3 倍。降水量与蒸发量只有 7、8 月份接近，其他时间蒸发量大于降水量。

一般春季干旱少雨，占全年降水的 10%；夏季降水集中在 6～8 月份，占全年降水的 70%；秋季降水不一，占全年降水的 15%。21 世纪，全球变暖，厄尔尼诺现象也严重影响到村庄发展，降水似乎与农民作对，春季作物生长期间需要降水时，有时连着几个月不下雨，有些庄稼被旱死；但麦收、秋收时急需几个晴天收割晾晒时，却偏偏下雨，庄稼有时烂在地里。

全年无霜期 199 天。年均气压为 1011.6 百帕，各月平均气压，1 月最高为 1022.8 百帕，7 月最低为 998.4 百帕。一年四季季节性气压差异较大。

3～8 月、10～11 月多南风或东南风，9 月和冬季多北风、偏北风。风速多年平均为 2.7 米/秒，4 月最大为 4.4 米/秒，8 月最小为 2.1 米/秒，历年最大风速为 24 米/秒。

多年平均湿度为 66.18%，7、8 月多雨，湿度分别是 78% 和 82%。3~5 月最小，平均为 58%。

老凹张村的光热资源丰富，适合多种作物生长，地处世界三大作物（棉花、冬小麦、玉米）主要集中种植带。小麦、玉米、大豆、谷子等种植历史悠久，经长期改良，各种作物与气候条件较适应。随着科学水平日益提高，生产条件的改善，光热能潜力将会得到进一步开发利用。

四、水文

1. 河流

村北河 村北面一条东西走向小河，又称六支渠。是与北面观城镇郭连庄村的分界线，东延伸到村东大河，西延伸到河南省，与河南李庄村交界。

村南河 村南面一条小河，与邓庄为界，东延伸并汇入村东大河，西延伸到河南省，与河南省安唐交界。

村东河 村东一条大河，属东池干渠。南通到河南省濮阳，向北一直流到观城镇、王庄镇，再向北汇入流向莘县的河道，经莘县延伸到聊城徒骇河。这是 1977 年、1978 年"文化大革命"刚结束的冬天，村庄男女青壮年数九寒天挖的河，这条河流造福一方百姓，常年有水。河流西侧原是河床，沟壑茅草遍地，河床两边是每年冬天挖河时清理出来的淤泥。21 世纪初，这里也被村民开采平整为良田。

村西南、西部的小河近似河沟，算村庄边界，同时也是山东省与河南省交界。

河流最初是百姓灌溉、饮用、洗刷的重要资源，河里鱼虾游动，河面鸭鹅游泳。夏天，青壮年男劳动力劳累一天，晚饭后去河里泡泡澡。清早，姑娘、媳妇洗衣。21 世纪，全国各行业发展，南面油田区发展经济的同时污染了水源，现在的河水已变成黑色、红色，鱼虾全无，早已不能饮用、洗漱，只用于灌溉。近几年，灌溉庄稼也会死亡，环境亟须治理。

2. 坑塘

村西、村南、村西北原各有一坑塘。西北坑塘较大，称大坑；村南学校附近有一坑，雨水流淌自然形成，20 世纪 70 年代为学校自用，有鱼、泥鳅，有时沤麻。

20 世纪 80 年代前，雨水较多，村庄西北地势较低，雨水自然流淌形成一大水塘，这是村庄男女老幼的宝地，村妇洗衣，男人们晚上洗澡，更是儿童戏水的天堂。

学校附近的村南坑塘，在 2006 年与年久失修的学校一起转给张永杰开发，张永杰雇人拉土填平坑塘，种上花椒等经济树木，成为经济林。村西坑塘和西北坑塘只是地势低洼，因雨水少，除了雨季几乎常年看不到水。坑塘周围的住房逐渐多了起来。

3. 水资源

地表水 源于降雨径流、过境河道径流及引黄河入境水。老凹张村地势低洼，以前雨水多，下雨时雨水自然流入村南、村北、村东河流及几处坑塘，足够百姓洗刷等用水。近年来干旱越来越严重，地表水几乎没有，有时雨水季节雨水也少，庄稼干旱，还要靠井水浇灌。坑塘几乎常年干涸，河流只有村东河东池干渠水多，但也被污染。

地下水 源于降雨、境内河道、坑塘渗水、灌溉回归等。老凹张村地处黄河下游，由于黄河长年侧渗，地下水资源十分丰富，属于浅层淡水丰富区，地下水开采条件好，含水沙层多由粉沙、细沙组成，易采易补，水层浅，一般只有 2～3 米，最浅时 0.6～0.8 米，最深时也不超过 6 米，水质好。

村北 200 米处，井深 60 米，含水层岩性细砂，层底深 14.27 米。村现有机井 50 眼，平均每 20 亩农田占有机井一眼，形成纵横交错的灌溉网。

五、生物资源

1. 动物资源

禽鸟类 鹅、鸭、鸡、鸽、燕子、雁、喜鹊、乌鸦、麻雀、啄木鸟、布谷鸟、鹰、猫头鹰、百灵鸟、画眉等

畜兽类 牛、驴、骡、马、狗、兔、猫、黄鼠狼、刺猬、狐狸、羊、猪、狗等

鱼类 鲤鱼、鲫鱼、鲢鱼、草鱼、鲶鱼、泥鳅等

甲壳类 蟹、虾等

昆虫类 蚕、蜜蜂、蝴蝶、蚊、蝇、蜻蜓、蝉、螳螂、蟋蟀、蝼蛄、蚯蚓、蚂蚁、蜈蚣、蝎子、蜗牛等

爬行类 蛇、壁虎、蜥蜴、鳖等

2. 植物资源

粮油类 小麦、玉米、大豆、高粱、谷子、绿豆、豌豆、黍子、芝麻、小豆、花生等

棉麻类 棉花、麻

蔬菜类 大白菜、小白菜、菜花、青萝卜、红萝卜、胡萝卜、芥菜、菠菜、芫荽、茴香、芹菜、菜豆角、芸豆角、扁豆角、茄子、辣椒、西红柿、葱、洋葱、韭菜、蒜、山药、藕、黄瓜、冬瓜、西葫芦、葫芦、南瓜、白瓜、架瓜、丝瓜、莴苣、大头菜、蘑菇等

药材类 小茴香、艾叶、柏仁、益母草、野菊花、蒲公英、茅草根、苇根、青蒿、菟丝子、桑叶、桃仁、杏仁、槐米、花椒、枸杞、银杏等

青草类 芦苇、灰灰菜、青青菜、茅草等

瓜果香料类 枣树、苹果树、梨树、桃树、杏树、山楂树、石榴树、无花果、向日葵、西瓜、甜瓜、菜瓜、香椿树、李子树、花椒树、桑树、葡萄等

木材树类 毛白杨、青杨、榆树、臭椿、国槐、泡桐、柏树、松树、刺槐、柳树等

花卉和风景树类 垂柳、冬青、油松、丁香、海棠、芍药、牡丹、月季、鸡冠花、蔷薇、夜来香、万年青、仙人掌、步步高、菊花、吊兰、美人蕉、柳叶桃、洋槐花等

第二章　人　　口

人口变化和流动情况是工业化、市场化和城市化的重要指标。随着工业化的推进、人们收入增长和就业范围扩大，一方面人们的生活条件改善、人口增长加快，但是到一定程度后则趋于零增长；另一方面，农民多数又流向村外寻找更好的工作和生活条件。在20世纪前50年，由于战争和工业化速度非常慢，人口增长较慢，流动小。新中国成立以后，前30年受国家城乡政策限制，人口增长很快但流动性不大；70年代，由于受计划生育政策限制和生活观念变化的影响，人口零增长。80年代，乡镇企业的发展受"离土不离乡"模式的影响，人口流动仍然不大。90年代到21世纪，老凹张村外出打工的越来越多，人口流动大增。

老凹张村人都是汉族，没有少数民族。共有三个姓氏，张姓居多；人口数量近年来逐渐减少；人口结构方面，男多于女；年龄结构方面，儿童出生少，老人长寿，体现出人口老龄化倾向；文化结构方面，由新中国成立前的多数文盲到今天的大学生辈出，文化素质提高；行业构成方面，从单一农业到各行各业变化。人口迁徙有四次：解放前逃荒闯关东；三年自然灾害后闯关东；"文化大革命"期间知识青年上山下乡落户；改革开放后，村民到大城市就业、学子考大学、军人提干，形成村庄有史以来最大规模的人口迁徙，给老凹张的经济、技术、文化意识带来了很大变化，使老凹张人走出狭小的小村庄空间和封闭的意识境界，促进村庄向城市化、工业化和现代化迈进。计划生育政策的实施控制了人口快速增长，自上而下和基层村庄都作出应有的贡献。

第一节　人口状况

一、人口数量

新中国成立前，以"三世同堂""四世同堂"居多，人们以家大人多为荣，每户多至 10 余人、20 余人。1953 年我国第一次人口普查，全村平均 5 人/户。70 年代后期以来，国家开始实行计划生育政策；80 年代中期，实行独生子女政策。第三次全国人口普查（1982 年）到第四次全国人口普查（1990 年）期间，总人口呈增长趋势。从第四次全国人口普查到第五次全国人口普查（2000 年）期间，总人口呈递减趋势。1982 年第三次普查 4.13 人/户，到 2000 年第五次人口普查 3.7 人/户，呈向小家庭规模发展趋势。

表 2 - 1　1975 ~ 2016 年老凹张村人口统计表

年份	户数（户）	总人口（人）	男（人）	女（人）	出生（人）	死亡（人）	迁入（人）	迁出（人）
1975	280	1038	572	466	30	28	31	28
1980	282	1036	574	462	28	26	29	27
1985	283	1045	577	468	32	24	30	26
1990	286	1035	579	456	35	25	35	33
1995	288	1027	571	456	26	22	25	28
2000	290	1025	576	449	22	20	21	25
2005	293	1022	580	442	20	18	20	23
2010	296	1020	585	435	17	16	18	20
2016	299	1018	588	430	15	14	16	18

老凹张村的户数在不断增加，意味着家庭的分化变小，每户平均人口减少。除了观念的变化外，另一因素是由于 20 世纪 80 年代以来农民收入的提高和当时农村宅基地的审批比较宽松，家庭户越来越多，因为新结婚

的青年一般很快另立门户。出生人口逐年减少，农村也体现出社会老龄化的趋势。迁入的多为娶来的媳妇，迁出的有考上大学的学生、出嫁的姑娘。

二、人口结构

1. 性别结构

计划生育政策的实行使人口逐年减少。因为计划生育政策规定，第一胎是女孩可以再要二胎。当地男尊女卑传统思想严重，人们第二胎再三检查，发现是女孩多数流产，直到生出男孩，很少双女户。第一胎是男孩不要二胎，导致男女比例严重失衡，男多于女。

2. 年龄结构

随着经济和生活条件的改善，人们的寿命越来越长，加上最近十几年来计划生育工作抓得比较紧，独生子女普遍，人口老龄化明显。从长寿的人口性别来看，女性高于男性。1999 年底，60 岁以上的老年丧偶家庭中，女性为 43 人，而男性仅为 6 人。根据第三、第四、第五次人口普查，儿童逐渐减少，学龄前儿童（0 ~ 6 岁）递减较大，导致村小学招生不够被取缔，周围几个村庄合并，保留一个村庄学校。人口状况向老年型长寿化发展。

3. 民族结构

村民全是汉族，娶来的媳妇和入赘的女婿都是汉族，没有少数民族。

4. 文化结构

过去，村内有文化的人很少。新中国成立后，教育事业发展，文化构成发生变化，通过扫盲教育、夜校，文化水平逐渐提高。1988 年前，村内高中毕业人数不多，没有考学出去的文化人，上学只是为了满足识字、算数的基本需要。

表 2 - 2 2016 年老凹张村各年龄段的文化结构统计表

年龄段（岁）	文盲（%）	小学（%）	初中（%）	高中（%）	大学（%）
10 ~ 20	0	100	100	88	25
20 ~ 30	0	100	100	78	20
30 ~ 40	0	100	90	60	15

年龄段（岁）	文盲（%）	小学（%）	初中（%）	高中（%）	大学（%）
40～50	0	100	85	35	10
50～60	0	100	40	5	0
60～70	50	80	10	0	0
70 以上	95	8	2	0	0

从中可以看出，新中国成立前，大部分村民都是文盲，全村没几个识字的文化人。新中国成立后，多数村民通过识字班、夜校学习识字，扫除文盲。基本都有小学文化，半数能达到初中毕业。70 年代出生的人，一般初中毕业后男孩当兵，女孩帮父母做几年活后结婚生子，有一两个初中学习特别优秀者再三复读考幼儿师范或卫校，那时考上中专就是跳出农门，进了"龙门"，吃国粮成为国家干部了，全乡读高中考大学者几乎没有。1990 年前后连着三年考上三个大学生，人们意识到学习的重要性，让更多孩子上学。

21 世纪初至 2016 年，每年都有几个学生考上大学，加上高校学历形式的多样化，村民文化素质不断提高。

5. 行业构成

新中国成立前，人们大多从事农业，从事条编、纸扎、木工等手工业者有两三家，从事教育卫生的有五六人。

新中国成立后，行业结构发生很大变化，集体化农业、割"资本主义尾巴"，使得行业门类简单固定，抑制商业发展。

1982 年，实行体制改革，村民有了自主权，许多村民凭一技之长开始各种方式创收。多数去大城市创收，不少中学生离开学校后进城打工，开阔了知识面和眼界，给村庄注入了新思想。有的搞鸡、鸭、鹅养殖，有的经营店铺，有的从事粮棉加工，有的跑长途客货运输，有的从事本地、外地的建筑，有的从事维修。

6. 姓氏构成

老凹张村自古民风淳厚。全村现有张、史、杨三姓，以张姓为多。长期以来，三姓氏和睦相处，互惠互助。

张姓 族谱记载：始祖原籍山西平阳府洪洞县，明永乐十三年

（1415 年），始祖张姓兄弟四人仁、义、礼、智奉旨东迁。长门兄长落居观城县老凹张，传至 22 代。从现在的 17 世"重"字辈起排，顺序为重、维、先、绪、立、本。

杨姓 始于一代杨永顺的父亲，他的母亲结婚后照顾父母，父亲由外村迁入。二代杨永顺、杨永民、杨永江弟兄三人住姥姥家。老大杨永顺世居村庄。老二杨永民年轻时闯关东去了锦州，现在已去世，儿女落户在锦州。老三杨永江闯关东去东北开荒，留在东北。三代杨永顺的儿子杨安业（杨进忠）。四代杨喜生、喜亮、喜详、喜英，老二喜亮 1989 年考上郑州畜牧兽医专科学校，是全村第一个大学生。现五代，居 4 户，16 人。

史姓 始于史景元的父亲。二代史景元。三代史广先。四代史大庆、大杰、大德。大杰务农；大庆自 20 世纪 70 年代起一直是村庄医生，救死扶伤，是村民身体健康的保护人，同时又是村庄多年来的信贷员；大德是村庄小学教师，为村里培养了很多学生。五代乃强、乃刚（大庆的儿子），接替了父亲的责任义务，是村庄医生、村卫生室负责人、村金融与保险负责人，是村民身体、金融的卫护人。大德两子女正上大学。史家传至六代，现居 4 户，16 人。

第二节 人口迁徙

一、解放前逃荒、闯关东

解放前，村民挨饿，有些去逃荒，有些去东北闯关东。逃荒的多数后来没了音信，可能饿死在路上；闯关东的有的在东北安了家，1930 年前后，本村村民张绪才第一个去东北投靠舅舅，带动了村民去东北黑龙江谋生。张先聚、张先原世代在东北锦州安家落户，没再回乡。杨姓有一家客死他乡。

1941～1943 年，连续三年歉收，粮食所收无几，人们吃糠咽菜，地瓜根、花生皮等都是人们争抢的食品。很多家庭为了求活路，变卖田产、家产，有的外出逃荒要饭。村内有 2 户外出要饭，4 户 20 人携家带口闯关东。

二、三年自然灾害后闯关东

20 世纪初，老凹张村是一个以农为本的纯农业村庄。1949 年仅有 6 人从事非农产业，2 人从事泥瓦匠之类的个体手工业，另外 4 人为教师。除了闯关东、外出讨饭的人，没有出去做事的人。1953 年以后，国家开始限制城乡之间人口的流动，特别是社会主义改造完成以后更加严格。

1959～1961 年是三年自然灾害期间。1966 年家乡发生水灾，人们吃不饱肚子，没有粮食吃，人们吃白菜根，树叶。与其等着饿死不如外出谋生，不少青年男女去外地求生。张维合、张记、张先丰、张绪林从范县坐汽车去禹城，再坐火车去齐齐哈尔，到达黑龙江依安县潘家窑上游公社兴盛大队。东北气温零下 40 摄氏度，住在马棚里，睡东北大炕，只要有锅可以吃饭就算安家了。那里的高级合作社人少地多，到处招人，社里给面，男女老幼每人每年分 500 斤粮食（老家山东只有 300 斤，不够吃），一人二两油，能吃饱，一人干活能养四五口人吃饭，还有生活费，去掉吃喝还有花的钱。副业可以养猪，一头猪能卖二三百元，顶上半年收入。一个劳动力每天计 12 工分，儿童 8 工分，每个工分 1.2 元（山东老家一个工分 0.2 元），年终结算。玉米机械化联合收割都比山东早，大队有学校，孩子上学不交钱，老师的工作记中等工分。

20 世纪 80 年代有人回老家山东，看到家乡不再挨饿也有地种，就想回家来。张先丰先回来，带来五个如花似玉的漂亮女儿和两个儿子，讲一口标准的东北话，这就是老凹张村普通话的开始。他们的口音如此好听，引起当时同学们对外面生活的向往。之后，张维合等陆续带全家回来，漂泊多年的游子回家，村里分给他们土地、房屋。

三、"文化大革命"期间知识青年迁徙

1966～1976 年，全国掀起了城市知识青年到农村插队落户的运动，形成了城乡之间人口的逆向流动。由于老凹张村地处聊城市莘县偏远地区，知识青年来插队很少，只有徐清珍从济南市上山下乡来到老凹张村，嫁给了本村军人张金龙。其他知青陆续返城，这期间人口没多大变化。

四、21 世纪的人口流动

20 世纪 80 年代以来，老凹张村民开始向外流动（即向城市流动，主要是上大学、参军后提干）。20 世纪末，老凹张村新一代年轻人的文化素质有了提高，市场经济的发展，使封闭的老凹张村接触了现代知识的青年人，走向外面的世界。

改革开放以后，村民的生活水平明显上升，就业和户口生源地的壁垒消除，商业的发展、交通的快速便捷促进了人口大量流动。城市生活好、工资高，吸引了大量的农村劳动力奔向城市。老凹张村民在上海、北京、济南等大城市经商、在公司工作的人几乎占男青年的一半，女性也有好多做保姆的。进城就业的人慢慢带动亲戚、朋友，使得进城的人越来越多。多数人外出是寻找发展机会，还有优秀者凭借智力或财力，跨出国门，到外国就业定居。

1. 外来人口落户

外出大城市打工的青年人从事各行各业，接触各类人群。工作期间遇到相知相爱的人，回家看到老凹张村虽不太富裕，但民风朴实、生活和美、百姓安居乐业，就留下来定居。村里共有外地媳妇 15 人，这些人来自河南、山西、陕西、四川，甚至还有内蒙古、甘肃、新疆等地的姑娘嫁来，这种现象还有发展的趋势。外来人口来到老凹张村以后，对于推动老凹张村的发展，发挥了积极作用。

2. 本村在外人口

在大城市就业 老凹张村的人口不断地向外流动。他们多数去外地从事体力劳动或嫁入富裕地区的家庭。目前老凹张村的外流人口，绝大部分是凭借自己的智力和财力到外面寻求发展，获得比在村里更多的机会和收益。

到村以外的企业就业 指户口仍然留在老凹张村，但人却在村以外的企事业单位就业。1958 年开始，大张公社开始创建社办企业，20 世纪 70 年代兴起，从各大队抽人。1979 年到 1983 年分田到户以来，农村改革和经济发展快，建筑业也随之热起来，村里泥瓦匠（包括徒弟）外出打工的也增加很多。

80 年代以后，老凹张村民除了从事个体运输和建筑的人以外，在社办企业就业的村民也逐渐增多，如成为全国知名企业的大张镇特钢厂，张合、张维祥一直是特钢厂技术工人，有人还成为企业的领导或骨干。

90 年代后，由于经济体制改革的深入，投资的自由度和地域范围大大扩展，加上大张家镇的市政建设发展很快，不少村民开始在大张家镇购买商品房长期居住（估计不低于 10 家），还有人在莘县县城、聊城市里购买住宅，也有在山东省济南市买房的。

2016 年，村里大学生毕业在大城市就业，有的外企工作者有时在国外工作；打工者也有参加国外劳务输出在国外工作者。

第三节　计划生育

一、计划生育政策的贯彻执行

我国数千年一直宣扬"不孝有三，无后为大"，多子多福。即使在目前，这些封建意识仍在一些人的脑海里作祟，偷生、超生现象时有出现，计划生育工作难度很大。

1973 年 7 月，国务院成立计划生育领导小组及其办公室，各级政府设立专门机构管理计划生育，村级有妇女主任，公社成立计划生育办公室，村内知识分子动员、宣传计划生育。大队号召党员带头落实计划生育。有些群众抵触情绪很大，参加结扎和戴环的妇女很少。

1978 年 3 月，第五届全国人大第一次会议通过的《中华人民共和国宪法》规定，国家提倡和推行计划生育；为了进一步控制人口不断增长，政府加大工作力度，把计划生育由自觉型向法律型转化，提倡一对夫妇只要一个孩子。

1980 年 9 月，公社计划生育小组动员二胎和多胎孕妇实施引流产手术。1981 年，村委决定从党政干部开始，实行计划生育措施。当时人们对结扎很恐惧，以为会影响身体健康，怕落下后遗症。党员、校长张先宝动员妻子（作者母亲）第一个带头结扎，走在了群众的前头。1982 年 9 月，中共十二大指出"实行计划生育是我国的一项基本国策"。村内计划生育工作由一般性号召转为宣传教育与经济处罚并重，制定了二胎、三胎的处罚标准。

1982 年老凹张村第二批人员张金聚、张绪新、张重安、张绪仁 4 人结扎。村委鼓励独生子女，凡是领独生子女证的人，集体每人每年发给独生子女父母奖励金，计划外出生的孩子不分给粮食，并处以现金罚款，罚款金额为夫妻俩全年农、工、副三业收入的 3 倍。

1983 年，计划生育工作逐步成为经常性、长期性的一项重要工作，超生处罚标准提高；由管理区和村计划生育小分队结合透环、查体，经常深入到村，落实各项政策。1988 年，老凹张村荣获"计划生育先进单位"的称号。村计生委及时提供育龄妇女的怀孕情况，把计划外怀孕消灭在萌芽状态之中。

1990 年，妇代会协同计生部门为村民配备了育龄妇女查访员，村妇代会主任兼任避孕药具管理员。

2000 年以后，村内响应计划生育的中青年妇女从生育重担下解脱出来，收、耕、种、管样样精通，参与社会经营、外出劳务、种养加工，成为家庭致富的行家。

21 世纪初至 2016 年，实现了微机信息管理，把育龄妇女的婚姻状况、生育情况、节育措施等都输入电脑，实现了育龄妇女的管理科学化。

随着改革开放的步步深入，人们的社会意识不断提高，计生工作服务体系不断完善，大部分人对优生优育的认识从思想上有很大转变，很多青年人看到上代人因多生子女带来的劳累和当今独生子女带来的实惠，同时社会生活保障体系不断完善，靠子女养老的传统观念逐步淡化，不少具备生二胎条件的青年夫妇，都自动放弃了生育指标，这是一个思想观念的大飞跃。

二、计划生育事例

山东省是一个人口大省，男尊女卑、多子多福的观念，在很多人意识里根深蒂固。谁家没有男孩，不管有几个女孩，都想尽所有办法生下男孩，尤其是几代单传的家庭。毁掉谁家怀孕的男孩意味着让他家断子绝孙，村民不只是抵制，可以说是仇视。因此，计划生育工作难度极大。县长挂帅，依次是乡长、管区、村长，哪村超生会影响村长、管区书记、镇长的工作考评。因此，自上而下都把计划生育当作重要事情抓。村计划生育工作由强制转为自觉，其间有不少计划生育的事例。

走遍山东各地乡村，墙上的宣传标语有各种计划生育标语口号，多数是鼓励："妈妈只生一个好，男孩女孩一个样。"也有打击性的，如："宁追千里远，也要引流产。"计生干部采取各种手段阻止计划外生育。

1. 自上而下

1991年，传统羊年，俗称"杀羊羔"。莘县因上一年计划生育超标影响了县里的工作成绩，县委决定不管第几胎、孕周多少、是否符合生育条件，"一刀切"不允许生育，领导层层把关签责任书，谁出事谁被撤职。县里医院、所有乡镇医院到处是孕妇，产房容不下住病房，走廊加床位，还容不下，在医院旁边马路旁搭棚子，放几张床做产床。就这样，1994年莘县县乡幼儿园入学率为零，1998年小学适龄儿童入学率为零。

当年全县只有两个婴儿出生，一个是县委书记特批的，张鲁镇一对大龄夫妇前面的两个孩子生病和车祸死去，他们费了很多周折才怀上这个孩子，如果引产，这位母亲会终生不能再生育。另一个是怀孕的母亲那天去城外办事，刚离开县城，就得到全县要封锁、查找所有孕妇的消息，这位母亲去了外地躲过了一劫，这个命大的孩子出生在东北，后来考上山东财经大学。

2. 自下而上

上面是上级强制执行计划生育的事例，村计划生育干部就没有这番权力。上级有任务直接找计生主任。

村民张喜住已有了两个女儿，按规定不能再生育了。可是他三代独传，他的母亲让他一定生儿子，把香火传下去，妻子怀孕几次查出是女孩流产掉，好不容易才怀上男婴，全家下定决心一定要生下此孩子。

当时喜住妻子经过几年的生育，身体非常虚弱，怀这个孩子期间一直东躲西藏，母子身体精神都不佳。村妇女主任再三追问喜住母子的身体状况，开导他保重母体，不要为了一个孩子冒两条命的危险。喜住执意不听，妻子怀孕七个月时出现头晕等不适状况。没办法喜住求救于妇女主任亢玉娥，亢玉娥马上联系镇医院，抢救及时，喜住妻子保住了性命，否则母子都不能活。自此，喜住夫妇非常感谢妇女主任。

今天他的两个女儿长大成人，一个女儿嫁在本村，老少夫妇生活都很幸福，喜住老有所养，不是一定儿子才能养老。

　　村支书张绪友的儿媳也计划外怀孕，全村百姓都看着。大家都以为当官可以享受特权，结果支书动员儿媳引产，儿媳哭着说："支书连自己的孙子都保不住，还不如百姓呢，百姓隐藏一段时间，生了孩子无非罚款。"支书说："谁让我是村干部呢，我不带头百姓会服吗？万事只要村干部走在前头，就不怕工作做不好。"有支书如此带头，老凹张村的计划生育工作没再遇到困难，走在全镇计划生育工作的前列。

第三章　基础设施建设

老凹张村千百年来是以农为本的纯农业村落，经济比较落后，加上新中国成立前农民意识落后、生活穷困，公共基础设施建设很少，过去公共资产只有庙宇。60多年来，在中国共产党的正确领导下，集体经济得到了空前的发展，村庄基础设施发生了很大变化。水、电、交通、通信、消防等各种基础设施的建设，都有了很大的进展。

用房方面，学校、村委办公室、村卫生室等公共设施都有规范的建筑；个人住房从院落、住房结构，到建筑材料、室内家居都体现出时代变化。用水方面，不论生活用水、灌溉用水都从人力向机械化、电力化发展。供电方面从无到有，不仅能给人带来光明，而且能帮人烧水做饭、洗衣、取暖、看电视……无所不能，成为电的世界。道路方面，从过去的泥土路到今天汽车行驶的柏油马路，为村庄发展经济提供了便利。通信方面，从写信、发电报到今天手机成为万能电脑，通信传输越来越迅捷。

第一节　用　　房

一、公共建筑

新中国成立前，村内公共建筑较少，主要是两座庙宇。1949年后，经济状况好转，社会各项事业长足发展，公共设施应运而生。20世纪70年代，村里有大队部、配套机井；各生产小队建有队部、仓库、畜棚、猪圈。1980年实行了联产承包责任制，原公共设施大部分分给或拍卖给个体户。21世纪以来，村公共积累增加，并通过捐资活动，公共设施得到发展。

1. 学校

老凹张村最开始在村民家里设小学校。1952 年，建老凹张小学，院落包括 3 间东屋，3 间堂屋，西间是办公室。村庄小学是初小，1954 年形成完全小学。

1976 年，老凹张村前划地 6 亩建学校，校园南北长 50 米，东西长 70 米。盖起瓦房，前面 2 座、后面 4 座，共 6 座教室，即一至六年级整个小学阶段教室，共 18 间。另外一间办公室，并建大门、院墙、厕所，教室前面空旷地带为操场。70 年代，学生上课照明用汽灯，取暖是大队拨款用煤炭，每个教室有一台小炉子，老师每天早上点炉子、管理取暖；80 年代，教室安装上电灯、电棍照明，取暖用蜂窝炉，学生轮流从家里拿蜂窝煤取暖。

1988 年，村里对小学进行校舍修缮，房顶全部更换一新。1989 年小学被评为"文明单位"。

1991 年，村委决定新建教室 3 间。1992 年，落实省级规范化学校建设要求，创造宁静雅致的教学环境。1999 年全校教室 7 座，图书室、体育室 1 间，录音机 3 台，学生人均占有图书 8 册，成为现代化合格小学。

计划生育政策使得村庄新生人口逐渐减少，以至于入学儿童不够一个班级，开办了几十年的小学被迫关闭。2013 年，附近三四个村庄的入学儿童都汇集到邓庄小学就读，这给家长与孩子带来诸多不便，也是多年在本村教学的老师很为难的割舍。

2. 村委办公室

1949 年前后，村办公所借用民房，或一般在大队支书家里。安排事情、传达上级精神文件常在村长家里用大喇叭喊，非常重要的事情就放映电影召集群众，在放映间隙支书讲话。2013 年小学关闭后，校址就作为村两委办公地点，集会议室、治安室、档案图书室、计划生育办公室和人口学校等多种功能于一体。

3. 卫生室

1969 年，大张家镇各村分别成立了卫生室。1980 年起，史大庆一直任村庄大夫。2016 年，村卫生室由史大庆和儿子史乃刚共同管理，大夫是父子二人及乃刚妻子爱梅。村庄卫生室较为规范，有诊室、药房、观察室、治疗室、输液室、"三室一房"齐全，床位 10 张。

二、个人住房

老凹张村的住房条件在大张家镇属于中等。1949 年前建房多土坯结构、平顶房，普遍低矮、狭小、破旧。新中国成立后，人们经济收入得到提高，住房由土屋变为砖屋、楼板、钢筋混泥土式建筑，宽敞、明亮、抗震，由住房变化可看出时代的发展。

院落一般占地 0.4 亩左右，单门独院。各家相互毗连，建在同一线上，谁也不准凸出凹进。屋面高低也得一致，因为谁家房屋高就抢占了别人风水。有些人家根据算命先生的指点，在大门的屋檐上砌一小龛，里面供奉着持刀将军把门镇邪。凡面对桥梁、道路、祠堂、庙宇者不能开门，有的在墙上嵌刻有"泰山石敢当"的石碑，以镇邪避灾。有的在离门不远的地方砌一座"照墙"挡住煞气。有的在动土建房时到处张贴"姜子牙在此，百无禁忌"的红纸条来驱魔镇邪。

老凹张村住房属于典型的北方院落式住宅：大门设在东南角或西南角，大门内一般都有影壁墙，以往低矮只是遮蔽厕所而已，现在高大恢宏，用彩画或瓷砖画装饰，多为长城、泰山等大型壁画烘托江山无限美好。

主体建筑为堂屋，坐北朝南，一般为三四间，中间房用来招待客人，旁边侧房为住室。另外东、西配房三间，南房三间，用作厨房、放置东西。作为主体建筑的堂屋，在整个住房建筑中的成本最高，其他侧房和小房次之。以往多是四代、三代人聚族而居，视家庭地位安排居住，一般长辈在正房即面南背北的正屋堂屋，儿子辈住东、西两面的配房，长子次子分住东屋、西屋，有门朝北的南屋，一般由最底层家庭成员居住，当地早传有"热东屋、凉堂屋、傻媳妇住南屋"，因为地处北半球，太阳总自南向北照，北屋冬暖夏凉，南屋正好相反，冬凉夏暖。

新中国成立前，人均住房面积一般农户约 10 平方米，有的弟兄多人，一屋住多人很常见。新中国成立后，人均住房面积增加。现在两代人住同一院落的很少，家庭朝小型化发展，多是未成年的孩子与父母同住一院，一旦成家，新婚小夫妻多另立门户。现在家院占地 300 平方米左右，人均住房 35～100 平方米。

1. 房屋结构

1949 年前，一般民房基本上是土木结构。用麦秸混和泥垛墙，房顶略成拱形，顶架由木材作梁、檩、椽子，铺以苇秸、秫秸、麦秸、高粱秸，成为房脖子，用草泥抹平、压顶保温檐。上面再铺一层碱土，防止房顶漏水长草。

20 世纪 60 年代以前基本上为茅草房，房屋极为简陋。后期开始建筑土坯房，在房屋下部垒几层砖，以防下雨受潮。80 年代中期，砖瓦房开始出现，使用的胶结材料为石灰和泥土，这样的房子拆了以后，砖还可以继续使用。90 年代以后，同样也是砖瓦房，但所用的胶结材料为石灰和沙子，比较坚固耐用。房屋款式多样化，分平房、瓦房、前出厦等。正房多为四间或五间，东、西配房多为厨房或仓库，铁制大门。

2000 年以后，砖、混凝土结构代替了过去的土木结构。门窗面积加大，有利于通风透光，墙皮多用水泥或瓷砖装饰；有阳台、铝合金门窗，房内结构多采用楼房式结构，一房三室或多室。

21 世纪初，都使用现成涂料，在墙上涂上一层彩色涂料，以增加房屋在外表上的美观。但由于涂料经不起日晒雨淋，目前都贴彩色墙砖。家家大门都能开进去汽车，门檐和两侧有瓷砖装饰画，多写"家和万事兴""幸福人家"等祝福语，表达人们对安居乐业、美好生活的寄托。

房屋地面　过去一般农户的屋地都是泥地占多，只有富户家才铺砖地。20 世纪 90 年代普遍浇灌水泥地，还用彩色石子和在水泥里放在表面，再用机械磨光。21 世纪发展为地砖、大理石、花岗岩，如宾馆地面一般。

阳台　过去都是露天的，现在都是采用铝合金全封闭式了。由木材、钢材、铝合金发展到目前的不锈钢。

房屋布局　过去农户的房屋主要适合农事，讲究经济实用，猪、羊、牛圈都有，现在考虑档次、美观，多数人家厨房都实现电气化、煤气化，传统柴灶不见了。

2. 室内家居

村民以往很少购买大件家居用品，一般在结婚时就定了家居的基础，基本的家居用品在结婚时即已购置齐备。观察家居用品可以推出房屋主人的结婚年代。

室内摆设八仙桌椅。一般户正面放小单桌，两旁放机子或板凳。条件差的用土坯垒制土台为桌。其他器具有木柜、抽屉桌、饭菜桌等。冬季屋正中放大火盆取暖烧水，有老人或孩子的家庭还有小火盆，床上多有一床被子。为保暖一般都在床上铺用麦秸装成的草褥子，睡觉时加盖衣物等。

20世纪90年代，家里有黑白电视机、彩色电视机。到了21世纪，家里还有冰箱、洗衣机及沙发之类。现在，很多家庭室内有冰箱、彩电、洗衣机、电脑、沙发、组合橱、一体橱柜、暖气、空调、淋浴器、席梦思床……一应俱全。

第二节　用　水

一、饮用水

老凹张村里最古老的井是明朝永乐年间迁民来时就有的，在村西，有石碑记载，现古井早已填埋，石碑埋在村民喜林家房下。

1949年前，老凹张农民饮用河水，河水浑浊时放点明矾澄清，很少有人挖井取水。新中国成立后，村民仍然习惯于饮用河水。1954年挖了水井，才开始饮用井水。乡镇企业兴起后，大量工业污水排放到河里，严重污染了河水，人畜都不能饮用，浇地庄稼会死。

公用饮水井全村有2眼，是砖砌井。前后街中间各有一口，供村民人畜饮水，并时常掏挖。村民素有与太阳同步的习惯，日出而作，日落而息。黎明，男人打扫庭院、街道和挑水，妇女则整理清扫房间及做饭、洗刷餐具、茶具。每天早上，家里劳力担上扁担，一前一后两个水桶，在井边轮流打水，挑回家，把家里大水缸灌满，水缸高一米多，缸腹部很大，能盛很多水，一缸水用两三天。

20世纪90年代，几乎家家在自家院里打井，称为压水井，不用排队去井里打水了，用压水杆压出水来，很是安全、省事，用于人畜饮用、洗刷用水；压水很费力，干旱时压不出水。1998年，在压水井的基础上改进为拉水井，塑料管直接插到地下十几米的水层，用小小的铁丝拉水，很是轻便。

2004年，村里通了自来水，家家自来水管接到灶台上，与城里一样方便。最初几年水甘甜清洌。

2016 年，乡镇工业的发展也影响了自来水的质量，排放的废水已经渗透到地下，直接影响村民的生活用水，水里出现油星，有时也有油污味，环境亟须治理。

二、灌溉用水

1958 年，村民浇地用水车，动轮水车挂着链子，众劳力拉水车。村北 500 米处有一灌溉井，含水层为岩性细砂，层底深 15 米左右，出水量 60 方/时，用于小面积农田灌溉。农业合作化时期打机井 10 余眼，用于灌溉。

70 年代用真空井、抽水机灌溉，不再人工拉水，用机器带，一定程度上解放了生产力。1972 年，村内形成人工集体挖井高潮，村民根据自有农田分布和面积，独自或联户挖掘地头小井，用于小面积灌溉。

80 年代，用沙管、深水泵灌溉，可以大面积灌溉。90 年代至今，随着全球变暖、土地干旱，用机械又深挖井，一般井深 45 米，地下水位逐年下降，人工早已打不出水，用电机抽水灌溉。每眼井浇地 10 亩左右。

2016 年，用潜水泵灌溉，全村东西南北灌溉水井几十眼。平均每 20 亩农田占有机井一眼，形成便利的灌溉网络。不久的将来，灌溉会实现自动喷灌。

第三节　供　　电

新中国成立前，村民基本上是靠天吃饭，日出而作，日落而息，晚上家庭照明，以火镰取火，花生油子灯为主要照明方式。后来煤油灯、提灯、汽灯等照明工具出现，尤其是电力进村之后，大大促进了农业现代化的发展。

1970 年 10 月，高压线路送电，村里购进第一台变压器，接通了第一部电动机。安装了第一台磨面机，村民绪林、绪官专门负责磨面，附近百姓都来磨面，群众背上粮食到磨面坊只需一袋烟工夫就能磨完。1972 年，村庄照明电路逐步架设，个别有条件的家庭自备材料，接上电灯。随着农村电力的发展，用电量迅猛增长，群众胡拉乱扯电线。1975 年，全村统一栽水泥线杆，使用标准用电材料。1978 年，村内照明线路全面架设，半数以上农户安上了电灯。

1980 年后，随着农业生产水平的提高和生产设备的增加，电力需求与日俱增。村里不断增加电力投资，整改输电线路，完善电力配套。1986 年，每人集资 60 元，花 7200 元买了台 50 千瓦变压器，只用来照明，不能用电炉子等大功率电器。杜绝关系电、人情电，改电工抄表为村财务直接抄表核算。1989 年，开始用电浇地。

1997 年，村内按户集资再次改进照明电路，实行户表外移，按居住状况增设分表，每 20 户一表或 10 户一表，甚至 3 ~ 5 户一表。有的明确专人，有的轮流抄报。1999 年年底，结合低压线路改造，换电表，实现达标用电。同时电管权收归供电站，月底镇里供电站统一抄表，直接收费到户，实现低电价，零电损。

2000 年，低压线路全面改造，保证全体村民用电。2003 年，供电站对用电户实行分类电价，照明 0.52 元/度。2016 年，一户一表，家家电表上有电子装置，随时监控用电情况及用电安全等。

第四节　道路　桥梁

过去村内无公路、桥梁，交通很不方便，全村只有一条通向东边道士路村的大路，路面宽四米左右。东西两条土路，南北没有路，胡同算是路。路面狭窄、坑洼不平，说是路，正如鲁迅先生说的"世界上本没有路，走的人多了，也便成了路"，但这是村民干活、放牛的必经之路。遇到雨天，路面上行人、牲口、牛车行走，像稀粥一样泥泞不堪，走一步两脚泥，泥巴沾满裤腿，步行非常困难，鸡鸭鹅游走扑腾，蚊蝇乱飞，臭气熏天。

各村之间的通道也都是土路。由于道路条件太差，过去往外运送东西，大都肩扛担挑，用手推车。

随着集体经济的不断发展，农业实现了机械化，修桥筑路势在必行，原来弯弯曲曲的小路整平拓宽，提高了交通条件。

老凹张村内东西向街道三条。南街全长 200 米，路面总宽度为 12 米；

中心街前街全长 700 米（13 个电线杆），路面总宽度 13 米，水泥硬化路面宽 5 米，为村内主要街道；后街全长 500 米，路面宽度 3 米，为辅街。

多年来，沿街所建宅基、房屋没有统一规划，前后不一、错落参差，致使街道弯折不整，高低不平。改革开放以来，村党支部委员会、村民委员会重视村政建设，村容村貌发生了巨大变化，进行了街道规划和建设。

80 年代，交通有了新的改观。近几年，随着乡村经济的发展，大张家镇的道路建设上了一个台阶，普遍由泥石路改为柏油路，路基也由原来的 4 米加宽至 6 米。

90 年代，对街道统一规划，取直、填平、石渣硬化。沿中心街前街安装了路灯、电话线、有线电视线路，使中心街初具整齐划一新貌。

2002 年，村委会又出资修筑了一条村道。这样全村共有东、西、南、北 4 条柏油路面的主干道，全长 15 公里左右。2003 年，国家实施"村村通"工程。2010 年，全县公路实现村村通。

2016 年，村重新规划、搬迁取直，修建了宽 5 米的油漆路 3 华里，重新设置了排水沟、照明线路、有线电视线路、电话线路，建成了"一路、二沟、三线路"的三条东西大街：南街、前街、后街。横纵三条街道、路都成为柏油马路，汽车开动自由。

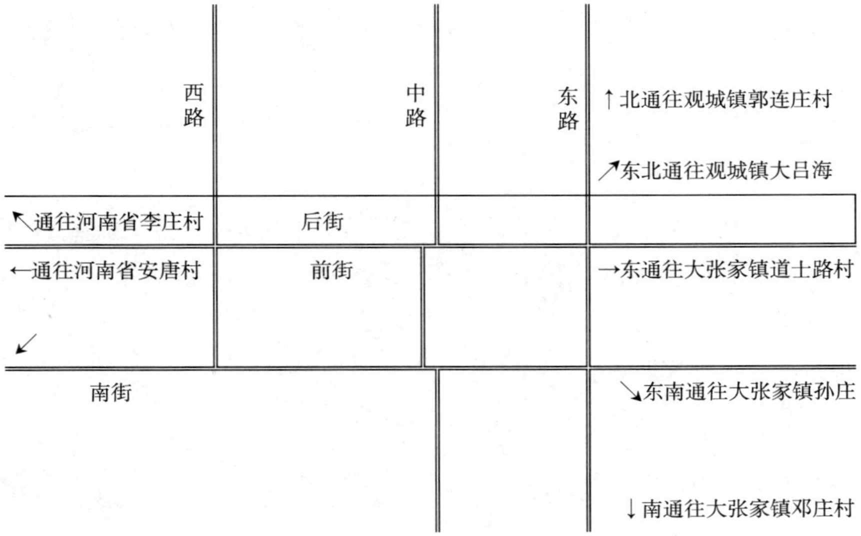

图 3-1 老凹张村交通图

一、东西街

南街 前一街是后来新规划，自东向西只通到村庄一半到奶奶庙，再西边目前是大棚和田地，约470米。

前街（中心街） 俗称前街，四通八达，东面通到村东河，直通到大张家镇道士路村，向西通到河南省安唐村。一直是村庄主街，约700米（13个电线杆）。90年代新修街道，2001年安装了路灯，2005年春，取直、整平，修水泥路面。前街是中心街及政治、经济、交通中心，上级政府视察检查一般以此街为主，历任村长都住在前街附近。自东向西有百货商店、村庄学校——老凹张小学（现为村委办公室，是村庄行政中心）、卫生室兼保险金融办公室、饭店，家庭日用品销售部2家，饭店1家，摩托维修部1家，农药、化肥生资门市部1家，电信部1家（负责村民手机充值、维修），现在墙上有光纤网线WIFI/WLAN广告，反映出村庄已初步形成标准现代化建设雏形，成为老凹张村的经济开发亮点。

后街 长约500米。后街规划发展稍落后一些，西面是田地，西北通往河南省李庄村。现在是自东向西笔直的油漆路，有1家个人百货商店。笔者家在后街最北边，童年时期再后面是坟场和田地，晚上不敢出门，天晚了不敢回家，冬天漆黑的漫漫长夜、呼啸的风声使童年的笔者饱受恐惧。

二、南北路

东路 是主路，450米，油漆道，连着南街、前街、后街。南北通往外村，向南过小桥通到邓庄村，北过小桥通到观城镇郭连庄村。

中路 是后街的中心，是宽4米的水泥路，是村庄统一修路时路两侧住户自己出资修建的。

西路 连接前街与后街，街面宽阔，两侧都是住户。

三、街道环境卫生

新中国成立后，党和政府贯彻预防为主的方针，有组织地开展了环境卫生治理行动。

抗美援朝战争开始后，全民开展了以清除垃圾、粪便、捕灭蚊蝇为重点的爱国卫生运动、开展"五洁"（室内、室外、厕所、厨房、街道清洁）、"四无"（无麻雀、蚊子、苍蝇、老鼠）活动，环境面貌大有改善。后来结合"五讲四美"治理脏、乱、差，村庄的街道、住宅环境发生了很大变化，村容村貌焕然一新。

以往村民家里一般干净整洁，生活垃圾、人畜粪便一般堆放在门外，慢慢堆成大堆，必要时施肥，导致沿街上几乎全是牲口粪堆，夏天臭气熏天、苍蝇乱飞。

21世纪，从中央到地方都搞乡村文明建设，整饬街道，平整划一，沿街不许堆垃圾杂物，每条街上都有定点的垃圾桶，村庄安排了专门的保洁人员，与城里一样定点清理。

2016年，沿街统一种上向日葵、剑麻等花卉，进村映入眼帘的是各种花朵。村庄面貌发生了根本性转变，目前正朝花园式村庄迈进。

四、桥梁

村东桥　是1978年挖河成功后广大青壮年的杰作，桥面宽阔。建于1979年，是向东通往道士路村的必经之路。

村南桥　位于村南河上，是向南通往邓庄村的必经之路。简易小桥，已有50多年历史。

村西北桥　是村北河向西延长线的桥，此桥是与河南省李庄村的分界。

村北桥　位于村北河上，是向北通往郭连庄村的必经之路。为简易小桥，已有50多年历史。

第五节　通　信

过去的一百年里，通信工具发生了翻天覆地的变化。以往认为"电灯电话，楼上楼下"是城市生活的象征，农村不敢奢望。20世纪70年代，镇里通电话，一般是公务使用，个人不能用。改革开放初期，村民仍然不敢奢望电话。1985年，邮政局有总机电话，打电话要去邮局。

90 年代初期，随着改革开放的深入，老凹张集体经济有了长足发展，电话需求量增加，第一代手机出现，但很少有人买得起。1996 年，村委使用按键式电话，只能村委开会用，不能个人使用。1997 年，外出打工者带回来无绳电话大哥大。第二代手机出现，少数富者能买得起。

2000 年，镇上要求村委成员必须带头安装个人电话，每人扣工资 100 元。村内条件好的安装家庭电话，外出的人打电话时，电话机主人免费在任何恶劣天气下跑很远通知接电话。

2001 年，笔者为在济南读研究生的丈夫买第一个手机是波导牌的，为他学习、联系导师用，当时 1200 元是笔者两个月全部工资，省吃俭用几个月才能挤出来。2002 年，小灵通出现，手机只有条件很好者购买、使用得起。2005 年始，手机开始多样化，大街上有手机销售、维修店。笔者去南昌读研究生时买了自己的第一个手机。家乡人流动大，去北京、天津打工的很多，各行各业都有，有的发展很好，已查不出谁买的第一个手机，谁买的最贵、牌子最好、功能最全。现在对手机的关注已不像村民对第一个买到电视机、电脑那么着迷。

2006 年，打印、复印、扫描、传真一体机使通信朝高、精、尖技术推进。手机都是 3G 的，功能大大加强。2011 年，微信研发出来，通过网络快速发送语音短信、视频、图片和文字。微信软件本身完全免费，村民有条件者换 4G 手机。2013 年，村民中的中青年都会使用微信视频聊天。

2014～2016 年，手机大量普及，不只是家家有，而且是人人有，随着手机功能的改进，人们时常换新手机，就连小学生都有功能不错的手机。现在手机无所不能，上网、发邮件、看新闻资料、电影，成为全能电脑。

中青年普遍使用 4G 手机，带动了短信服务业、拇指族经济，手机音乐、商业服务大大拓展，手机改变了人们的生活工作方式。当今社会，手机已成为人们必不可少的必需品，如何最佳发挥通信的优点是每个拥有手机的人必须思考的，也是村民要考虑的。

第四章　党政及各种组织机构的变迁

新中国成立后，老凹张党支部历任负责人带领村民奋斗。党的建设方面注重党的组织建设和思想建设。地方村级组织包括村委会及其职能、生产队衰微及村级组织的崛起，村组织的工作是组织生产、制定制度、经济管理和社会治安。村民行使权利包括选举村委会、参与村庄其他事物的管理。村里有各种组织机构：民兵组织，包括兵役情况、民兵活动；农民协会和贫下中农协会；青年组织；妇女组织，包括新中国成立前妇女救国、新中国成立后半边天作用；计划生育协会；民事调解协会、红白理事会。优抚和社会保障及社会救济和最低生活保障。

第一节　行政组织的演变

历代统治者为了巩固其统治地位，除对外要有强大的军事力量来保卫其国家的安全之外，同时还必须有一整套完善的组织机构，征粮征税、维护社会秩序。从政府组织机构来看，康熙虽在土地管理上进行了改革，在行政机制上还是维持原样，雍正、光绪年间隶属关系不变。

1929 年，实行乡、镇保甲制度，改变了旧有的体制。解放前保甲长由村民推举，但一般要求家庭比较富有，且有文化和闲暇者。

1954 年 3 月，大张家乡实行民主建政，召开了乡人民代表大会，选举产生了乡长、副乡长和乡农会主任，后来成立高级农业生产合作社。

1956 年 3 月，行政区域进行调整，把高级社合并成为大张和观城两个大乡，各成立党总支。高级社改名为生产大队，形成了目前的区域管辖范围。大队成立党支部，当时老凹张大队的支部书记由张先荣担任，支部党员已发展到 10 人。"文化大革命"开始后，公社和大队领导机关一度停止活动。1967 年，大张公社人民武装部建立公社生产办公室，处理日常事务，并成立"抓革命促生产"领导小组。"文革"高潮时期，从批斗"牛鬼蛇神"转向了斗"走资派"，整个大队党、政陷于瘫痪。

1968 年，公社由人民武装部、革命干部、群众组织代表协商组成"三结合"的公社革命委员会。大队也相继用同样的方式，由民兵连长、革命干部、群众代表共同组成老凹张大队革命委员会，行使行政职能，稳定社会秩序。

1981 年，通过基层选举，大张公社召开人民代表大会，恢复人民公社管理委员会的机构，选举产生正、副主任，大队撤销革命委员会，建立老凹张大队管理委员会。1983 年，通过体制改革，撤销公社管理委员会，恢复大张家乡人民政府机构，大队管理委员会也改为村民委员会，生产队改为村民小组。

1999 年度村级管理机构的人员精简，工作人员具体分工为：支部书记 1 名，统抓全村党、政务事。村委主任 1 名，负责全村行政事务。会计 1 名，负责村级各项财务管理的指导工作，全村各户的农业税、农田管理费等计算和收缴工作。电工 1 名，负责水电费的收缴管理。民兵连长 1 名，兼管调解、治保、民兵及土地工作，保障村民安居乐业。妇女主任 1 名，负责计划生育工作。

大队、生产队干部由社员民主选举产生或罢免。干部选举一般是在上级指导下进行。基本上是上级公社提名，群众选举，开始是定额选举，后来实行差额选举。老凹张村的历次选举基本上平稳，与上级意图一致，早期选举是开大会举手表决，以后改为投票选举。1983 年"分田"以前，是分片（按生产队）开社员大会选举。60 多年来，村长（大队长、村委主任）换了几任。

人民公社时期，每次选举总是得经过一番激烈争端。一般根据选票定局，体现了民主。近十年来，地方换届与中央一样，三年或五年一换届，连任两届，由村民选举产生，真正体现了新时代民主制度的优越。

村一级的行政领导权由党支部书记一人统抓，虽上级一再强调要党政分开，可支部改选从村干部中选"拔尖"的人任支部书记。村民的思想意识中，支部书记是村的一把手，什么都该由他做主。

第二节　党的建设

一、组织建设

老凹张村的中国共产党的党建工作起步较晚，不仅在新中国成立以前没有地下党员，就是在新中国成立后的前几年，党建工作还是一个空白，直到 1952 年的下半年，大张乡才选拔了 10 名积极分子参加培训学习。

自 1953 年建立第一个老凹张党支部开始至今，先后由五位同志担任支部书记：张先荣、张维峰、张绪友、张先同、张占华。通过组织的培养，党的组织队伍已有了很大的发展。1990 年全村有党员 19 人。党员是老凹张村经济发展中的骨干力量，他们在历次改革浪潮中，起着模范先锋带头作用，不断把老凹张村的历史车轮推向前进。

2016 年全村党员发展为 20 人。

二、思想建设

新中国成立后，党员教育逐步制度化、正规化。教育内容和方式主要是围绕党的中心工作，学文件、读报纸，提高党员的思想素质和理论水平，加强对党的性质、纲领及党员的权利、义务的认识，不断增强执政能力，执行党的路线、方针、政策，全心全意为人民服务。

1955 年全县开展整党工作。村内党员本着"分清敌我界线"的原则，开除混入党内的阶级异己分子，对觉悟不高的党员，执行批评、教育、改造、提高的方针，进行整党补课。1963 年，村内开展党员社会主义教育，对极个别党员多吃多占、违法乱纪、丧失阶级立场等错误进行批评教育，问题严重的给予处分，端正了党风，提高了组织战斗力。1969 年 10 月，对党员进行思想整顿和组织整顿。

1970 年 3 月再次整党，以党的"九大"通过的新党章主要内容，以党员"五个必须做到"为标准进行自查自纠。1977 年 11 月，遵照党的第十一次全国代表大会的精神，采取先上后下、先易后难的办法分三批进行整党，着重解决"四人帮"干扰篡改造成的思想不纯、作风不纯的问题。

1984 年，通过批评与自我批评的方式进行整党，解决党内存在的思想组织问题，更新观念，适应改革开放的需要。1989 年冬，党支部结合春夏之交发生的政治风波，广泛开展反对资产阶级自由化教育，坚持四项基本原则，保持坚定的政治立场，真正从思想上、政治上同党中央保持高度一致。

1990 年以后，为党员活动室配备了电视机，通过检查总结工作，开展批评与自我批评，进行马列主义、毛泽东思想的教育，不断提高党员的政治工作作风，保证党的任务的完成。2003 年 4 月，党支部根据上级党委意见，认真开展保持共产党员先进性教育活动，通过学习培训、民主评议、教育转化等形式逐步进行整改，确保了新时期党员的先进性和战斗力。

2016 年，在新形势下，贯彻党的方针、政策，带领全村人民奋斗奔小康。

第三节　村级组织及其管理

一、村委会及其职能

1983 年分田到户后，村委会对农业的管理职能减少，主要提供技术指导，在农业用水、用电方面做工作。80 年代后期，将全部大型农业机械、水利灌溉设施、电力设施、卫生室等承包给私人经营。村委会由"实业型"向"管理型"转变，对村经济的干预作用和影响越来越小，可支配的资源大幅度减少。基础设施建设、环境卫生、医疗保健、教育、社会保障、治安以及精神文明建设等，都要由村委会承担起来，上级将一些不便管理或成本较高的工作交给村委会，村委会是一个没财政收入，也不列入政府公务员系列，但是却发挥着基层政府作用的农村基层自治组织。

二、生产队的衰微

随着土地承包到户的实行，生产队的职能大为削弱，但在村民的生产生活中仍起着重要作用，是这一地理范围内的村民土地的掌管者。生产队长要根据每个家庭的承包土地数量核准收取土地承包费、农业税等。2005年农业税取消以后，老凹张的生产队取消，完成了它的历史使命，但原生产队长仍在村民中享有较高的威望。

三、村级组织的崛起

随着生产队职能的削弱，村级组织日益兴起，并承担起对本地域范围内的土地、人口等的管理，以及促进本村的经济与社会发展等职能。村级组织主要包括村民委员会和村党支部（简称村两委）。按照《村民委员会组织法》，村民委员会是村民自我管理、自我教育、自我服务的基层群众性自治组织；党支部则是中国共产党在农村的基层组织，发挥领导核心作用，依照宪法和法律，支持和保障村民开展自治活动，直接行使民主权利。

相关法律法规规定村级组织的职能包括：管理本村范围内村民集体所有的土地和其财产；办理本村的公共事务和公益事业；调解民事纠纷；维护社会治安；向政府反映群众的意见、要求和提出建议；支持和组织村民发展各种形式的合作经济；计划生育、维护社会治安、民事调解、提供公共物品等是村级组织的重点工作。

1. 组织生产

村委在各个时期组织领导村民搞好社会主义建设。组织领导村民走过土地改革、生产自救、劳动生产互助、农业合作化、"大跃进"、三年自然灾害、"文化大革命"、家庭联产承包责任制、21世纪致富奔小康。响应党的号召，落实党的政策，把党交给的每一项工作都落实到位。

2. 制度管理

管理好各种制度，较为重点的是会计工作制度。制度规定：正确执行国家规定的政策法令，一切按政策办事，不得违犯。一切从有利于巩固和发展集体经济出发，勤俭办队，不铺张浪费，不用公款公物请客送礼。尤其是财务制度更加严格：凡是队内一切财务收付事项，都必须按时公布。粮食、现金、物品的收付和结存一月一公布，一月一张榜；夏秋预分和年终决分，张榜公布，社员分的一切实物均开列清单。

3. 经济管理

新中国成立后，村级财务管理积极贯彻以农业为基础，以粮为纲的方针，加强经济核算的计划性，改善经营管理、讲求经济效益，促进生产和各项事业的发展。为确保政府公粮任务完成，做到按地纳粮、合理负担，村内以财务人员为主成立专门班子，进行土地丈量、登记造册，计算出每户每年应上缴的公粮数，农户分麦秋两季如数交纳。

1959 年 3 月，人民公社实行"三级所有、队为基础"，农村财务形成以生产队为基本核算单位的管理体制，村内属高级社管理的 5 个生产队实行独立核算。

1962 年，大队财务加强财务收支管理，实行民主理财，对生产经营成果进行认真核算，降低成本，增加收入；做好评工记分工作，正确核算社员的劳动日和劳动报酬。搞好收益分配，强化各项财产物资的管理。

4. 村级财政

村级财政收入主要来源于土地收益。在人民公社时期，老凹张村（当时为老凹张大队）的土地归各生产队所有，各队在财务核算时都要上交大队一部分收益，同时，大队还可以平调各生产队的财物。家庭联产承包责任制实施后，各生产队的土地陆续承包到户，村庄财政主要用于学校建设以及村庄道路建设。

5. 社会治安管理

村庄治安直接关系村民的生产和生活，而确保村民有个安定祥和的环境是村级组织不可推卸的责任。

新中国成立后，人民政府对保障社会安宁，有一整套行政机构和组织来管理，还有现代化的公安、武警部队作为坚强后盾，农村社会基本上是安定的。经过土地改革，"镇反"运动后，农民不仅分得土地、贫富差距大大缩小，而且铲除了恶霸势力、地痞流氓，社会治安和道德风气发生了根本性的改变，老凹张村在 1966 年"文革"前达到"路不拾遗、夜不闭户"的和平时期。

"文革"期间虽然法制破坏，在所谓"革命"和"阶级斗争"的名义下时常发生打、砸、抢和侵犯人身的现象，但刑事案件并不多见。

1976 年粉碎"四人帮"反革命集团后，随着拨乱反正，社会秩序走上正常轨道。1978 年改革开放以来，法制建设不断加强，人民生活水平迅速提高，社会安定。从新中国成立到 80 年代末，老凹张村没有发生过恶性案件。

90 年代后，随着新旧体制的转换和产业结构的变化，乡村行政管理弱化、流动人口增加以及人们的闲暇增多，为消遣娱乐而进行的赌博（打牌、玩麻将）盛行起来。加上贫富差距拉大和就业的不稳定，社会治安开始出现一些不稳定因素。村里虽然没有发生过重大刑事案件，但偷盗、赌博时有发生，社会治安亟待重视。

目前各级政府也在不断加强治安管理工作，大张家镇设立 110。现在村民的报警意识也比较强。另外，村里也成立了联防队，有 2 名队员，由村治保主任领导，日夜巡逻，大多数家庭的窗户都安装了不锈钢的防护栏杆，村里装了摄像头，老凹张村组织及领导对治安的重视取得了很大效果。

第四节　村民行使权利参与管理

一、村委会选举

按照《村民委员会组织法》规定，村民委员会实行民主选举，每三年换届一次。选举程序：村民选举代表组成选举委员会，委员会提出候选人，村民投票。选举一般设在年底或春节前后，外出打工者纷纷回来时，没回来的由家人代投。

二、村民参与村庄其他事务的管理

村民对社区其他事务的参与还有县、镇人大代表选举，都是等额选举。目前，老凹张村张先宝为县、镇人大代表。村里的重大事情一般由村民代表商议，有结果后再由他们向村民"透信"，一般事情则由村两委决定，最后向村民宣布。

一些村民通过外出务工经商富裕起来，对村庄发展做出贡献。例如村里修路需要集资，村党支部书记派村里德高望重的几个代表走遍北京、天津、贵州及山东济南、辽宁锦州、河北石家庄还有河南安阳、濮阳、范县，寻找天南海北的老凹张村人，给家乡捐款尽心，在外的老凹张村人也知道修路对他们有好处，纷纷慷慨解囊。

第五节　群众组织

一、民兵组织

民兵组织是共产党领导下的一个民间武装组织。这支地方武装，自成立之日起就投入紧张的抗日斗争，组织村中青壮年站岗放哨、盘查行人、保卫村民安全，还参加了配合八路军攻打伪军据点和县城等战斗。与此同时，在反奸反霸、保卫减租减息等方面起了重要作用。

1945年日本投降后，进入了解放战争时期，各村的民兵自卫队更名为民兵排，其骨干力量称为模范班，枪支收归村有。1947年，民兵保卫了土地改革的胜利果实。此后，在支援解放战争、维护地方社会治安等方面都起了重要作用。

1949年5月，大张、观城两镇分别建立民兵连，各村建立民兵排，各自然村建民兵班，凡年满18～40岁的男性贫下中农，均可参加民兵组织。18～25岁的政治思想好、工作积极的青年，组成基干民兵班、排，负责夜间巡逻，维护社会治安，防止地、富、反、坏分子的破坏和扰乱，协助政府开展"镇反"运动，维护社会治安。

1950年，朝鲜战争爆发后，民兵在防敌特破坏、维护社会治安、发展生产、支援抗美援朝等方面做出了贡献。大张乡那年有30名优秀青年参加了中国人民志愿军。

1952年，《民兵组织暂行条例》颁布实施，规定凡身体健康的16～45岁男性公民、16～35岁女性公民，均编入民兵组织，接受政治教育和军事训练，实行"普遍民兵制"。各村都有民兵连，下设排、班，制定了转队、训练、武器保管等项制度，开始步入正规管理。

1958年，毛泽东主席发出"大办民兵师""实行全民皆兵"的号召后，民兵组织进一步发展壮大，县设民兵师，人民公社设民兵团，工区设民兵营,生产大队设民兵连,生产小队设民兵排。9月,人民公社成立,行政与生产经济组织合一,实行军事化管理,各生产连队的民兵直接由战区领导,民兵年龄扩大到16~65岁。

1960年后,台湾国民党当局大肆叫嚣反攻大陆,派遣特务反共。这一时期民兵组织的主要任务仍是反奸防特,维护社会治安,带头参加农业生产,支援社会主义建设。1962年,县人武部对基层民兵干部和基干民兵进行大规模的军事训练,训练内容有射击、投弹、防空、单兵和班的进攻战术等。训练方法一是请部队组织,二是培养基层干部就地自训,训练一般在冬季农闲时进行。

1964年后,在人民战争思想指导下,大力开展群众性练武活动,军政素质有了明显提高。1965年,农村开展土地改革,民兵组织进行了改编,以乡为单位建立民兵连。

1966年,"文化大革命"开始,1967年民兵介入支"左",对于防止与减少群众组织派性斗争、保护村干部和发展生产等方面发挥了重要作用。1976年,"文化大革命"结束后,对民兵组织进行了较大调整。

1981年,按照"平时民兵工作和战时民兵工作相结合"的方针进行改革,民兵年龄规定为18~35岁,基干民兵年龄男性18~28岁,女性18~23岁,民兵素质要求高。

二、农民协会和贫下中农协会

农民协会 1946年2月,中共莘县县委颁布"减租减息""土地回赎"政策,县、区委派干部来村召开群众大会,宣传贯彻党的土改政策,发展农会会员,成立农会组织。选举村农会组织成员、农会长。农会建立以后,立即组织村内贫雇农开展减租减息斗争,通过反奸诉苦,迫使地主给雇工增加劳动报酬。

1947年3月,国民党反动派大举进攻解放区,地主还乡团借机反攻倒算,形势恶劣,土改运动被迫中断。农会工作转入筹集军需物质,组织担架队,支援解放军前线作战。在重要战事中组织民工,组成担架队和军需物质运送队,并对敌军家属开展政治瓦解工作。

1949年9月,在中国共产党领导下,县、区、乡、村各级都组织农民协会。在发动群众、支援解放战争、组织农业生产、开展减租减息、进行土地改革、发展互助合作化运动中，农民协会都起着相当重要的作用，特别是在土地改革运动中，在共产党的领导下，斗地主、划成分、分田地，发展农业生产。随着人民政权的巩固和农业合作化的实现，农民协会完成其历史任务。

1965 年，村农会由县土地改革委员会统一领导。

贫下中农协会 "文化大革命"时期，以贫下中农协会的名义，组织了"贫下中农毛泽东思想宣传队""贫下中农管理学校"，搞批斗运动。1969 年老凹张"革命委员会"建立，替代了贫下中农协会组织，但是作为农村革命和领导阶级的群众组织，"贫协"非常显赫。"四人帮"垮台后，特别是 1978 年改革开放以后，随着党的工作重心的转移，"贫协"名存实亡。1983 年老凹张村实行了家庭联产承包责任制以后，"贫协"无形消亡。

三、青年组织

1949 年 6 月聊城解放后，区政府建立了中国新民主主义青年团，吸收思想进步、工作积极、作风正派的青年入团。1949 年 11 月公开建团，大张、观城两镇分别建立了团支部，吸收团员 120 人，村建立青年团，带头参军，支援抗美援朝，保家卫国。

1957 年 12 月 3 日，中国共产主义青年团莘县大张家乡委员会正式成立，时有团员 300 人，通过团代表大会选举产生委员 15 人。

60 年代，组织青年对党的方针政策、农业科技知识、生产经验进行学习，农忙时抢收抢种，农闲时搞积肥运动，逢年过节慰问军烈属，帮助五保户老人、生活困难者做家务，培养以队为家、集体利益高于一切的思想。1963 年，老凹张大队团支部正式成立，当时有团员 20 多人，第一任团支部书记是张绪伟。

1970 年，共青团工作转入农业生产，青年人努力进取，走在生产第一线。"文革"后期，团员人数达到高峰，青年以入团为光荣，因为能够获得社会认可的政治地位和有限的机会。1979 年 3 月，共青团中央做出了《关于在全国青年中开展争当新长征突击手活动的决定》，团支部开展多种劳动竞赛和争先创优活动。

1982 年 3 月，党中央开展"五讲、四美、三热爱"活动，开展全民礼貌月活动，全村讲文明、树新风。1983 年老凹张村共有团员 60 人，随着改革和经济发展，村民的就业结构发生了很大变化，响应共青团号召，收集草种树种，改变家乡面貌。同年5月9日，响应号召收听收看当代"保尔"张海迪身残志坚、努力进取的精神，树立正确的人生观、价值观，成为"有理想、有道德、有文化、守纪律"的新型青年。

改革开放以后，随着经济成分和产业结构的多元化，社会对青年的评价标准也多元化，政治面貌越来越不重要，因此共青团在老凹张村部分青年眼中的地位也就逐渐下降。1999年，团支部有团员18人。2016年，团支部仅有团员6人。

四、妇女组织

党支部诞生以后，党员干部家属成立"妇女抗日救国会"，秘密为党传送情报，照顾革命干部的工作和生活。

1. 新中国成立前妇女救国

1946年3月，村政权结合土地改革，成立农会，重新组织，建立妇女救国会。在村支部的领导下，组织广大妇女协助土改斗争，支援革命战争，送情报、探敌情、掩护革命战士、护理伤病员，积极为党工作。淮海战役打响后，妇救会组织妇女碾米磨面，缝衣做鞋，支援前线将士。1949年6月，村妇救会改称"民主妇女联合会"。

2. 新中国成立后妇女"半边天"

新中国成立后，中央人民政府颁布《婚姻法》，妇联通过各种形式，开展宣传活动，揭批封建婚姻制度的罪恶，争取男女平等，实行婚姻自主，建立友爱和睦家庭，号召青年男女解除旧式包办婚约，倡导自由恋爱结婚。大张乡建立了妇女联合会，设专职妇联主任，当时的主任是张俊玲，继而各行政村也相继建立了妇女组织，在土地改革、支前参军、互助合作以及维护妇女权益等方面，发挥了重要的作用。

1951年，土改结束以后，广大妇女走出家门，参加生产劳动，进入互助组、高级社、人民公社，在社会主义生产中发挥了"半边天"作用。

1962年以后，大队正式建立了妇女组织，各生产队也配备1名妇女队长，领导妇女参加各项政治、生产活动。

1973年3月，妇女组织重建，村妇女联合会改称"妇代会"。广大妇女在妇代会的带领下，投入挖土填平的土地改造工程。1979年，对越自卫反击战打响，村妇代会发动全村妇女做鞋垫、寄家书，激励前线战士。

80 年代，广大妇女转向晚婚晚育、计划生育、拥军优属、发家致富等。妇代会紧紧围绕党的中心工作献计出力，组织家庭妇女参加创收。1985 年，妇代会积极引导妇女走出灶房，建功立业，以脱贫致富、建设小康为己任，投身市场经济大潮，多名妇女从事手工业、种植业、养殖业、加工业，成为经济建设的一支主力军。1985 年以后，妇女主任重点分管计划生育工作。

21 世纪以来，随着政府对精神文明建设工作日益重视，村妇女组织和妇女主任同时也主要负责和组织这方面的工作。

21 世纪初至 2016 年，村庄开展评选"十星"级文明家庭、"十佳好婆媳""十佳教子有方家庭"等活动。

五、民事调解协会、红白理事会

新中国成立前，民事纠纷，如父子不和或兄弟妯娌争吵，特别是子女不孝顺等纠纷，通常找族长评理，族长就是各氏族中辈分最大、最有威望的长者。

人民公社成立后，大队日常调解的纠纷多是婚姻问题、房地产问题和家庭纠纷、邻居摩擦等琐事。

村民之间发生纠纷，一般村民小组长劝解一下，稍大一些的纠纷由村调解委员会调解，村调解委员会由治保主任、妇女主任、土地管理员等组成。实在解决不了，镇政府有司法办公室，如果镇司法办公室还调解不成，则去法院解决。

目前，村里几个德高望重、明白事理的长辈，组成协会专门负责村里民事调解工作。坚持以教育为本、提高人民的道德水准及公德意识，解除矛盾纠纷、避免升级转化。同时，以尊重历史、注重事实、依照法律、讲究道德的原则，以说服教育、安定团结为目的，处理好各种矛盾。到 2016 年底，村内调处有代表性和有较大影响的各类纠纷 30 件，其中婚姻纠纷 6 件，家庭邻里矛盾纠纷 10 件，宅基地纠纷 10 件，从未出现过刑事案件。

还有红白理事会，主持婚丧嫁娶事宜，主持的结婚仪式热闹喜庆，丧礼仪式体面大方，不失风度，附近称颂。

第六节 优抚和社会保障

一、优抚

本村有烈属2户，现役军人一般每年总有3~5户。解放初期对烈属、军属是实行代耕代种。农业合作化后，根据烈属、军属家庭劳动力状况，评定误工补贴，在年终分配时结账。

新中国成立后实施土改，军属、烈属优先分得耕地，逢年过节村里敲锣打鼓为军、烈属送米送面，挂光荣匾、贴春联。每人筹交小麦25斤，对军属、烈属进行生活照顾。1958年以后，根据军属、烈属家庭经济困难程度实行经济补贴。

1963年10月，政府向军属、烈属和残废、复员、退伍军人发放《享受优待劳动手册》，对其劳动工分进行评定，按高于社员平均工分的10%标准给予粮食和现款分配。之后，拥军优属作为一项光荣传统和工作任务纳入大队工作的一部分，常抓不懈。

1979年，张绪交同志牺牲后，村里照顾其家属的生活。

1982年起，山东省人民政府颁布《优待烈属、军属和残废军人暂行规定》，参照同等劳力的收入给予经济补助，按规定的标准发放给烈属、军属。1984年，人民政府和大队管委向村内优抚对象发放《优待证》，现役军人家属每年可持证领取优待款，每季度领取一定数额的残废抚恤金。拥军优抚工作的主要内容是配合上级有关部门做好军人安置，解决军烈属的一些困难，重要节日进行走访慰问、贴对联、送年画、发慰问品等。

90年代开始，大张采取全镇统筹，按当年的优抚金总额，各村平均摊派。

21世纪，新兵入伍时，各村都赠送一些衣服、洗脸盆、牙刷、牙膏等日用品及日记本等学习用品，锣鼓炮竹欢送，村委再送些年货等礼物给家属，有时镇政府还送保健营养品和现金进行慰问。

二、社会救济和最低生活保障

社会救济是对遭受天灾人祸造成经济困难的村民，民政部门每年都下拨救济金，重点救济家庭面临破产危境的困难户，实行最低生活保障和补贴。发放社会救济金的原则是"救急不救穷"，倾向于特殊困难户、常年贫困户，在年关补助用于过年节。

20 世纪 90 年代中期以后，按政府规定的最低生活保障线的标准，根据各户的基本收入情况，对特困户进行常年补贴。资金由村、镇、区三级负担。

2016 年，最低生活保障线已经提高到人均年收入 2000 元。如果这些特困户经济好转，年收入达到最低生活保障线标准时，就已经"脱贫"，不再享受这个优惠待遇。

三、社会保障和福利

村民在农业集体化以前没有社会保障，依靠亲戚朋友和家族来扶危济困。

20 世纪 50 年代建立集体经济以后，虽然村民在丧失劳动能力以后由子女赡养，但如果村民家庭出现"天灾人祸"或者无子女赡养，可以依靠集体帮助。

80 年代实行家庭联产承包责任制后，村集体经济虽然不像过去什么都管，但是由于乡镇企业的发展，不仅村集体收入增加，而且村民个人收入也大幅度增加。

90 年代中期以后，国家开始推行社会保险，莘县于 1999 年开始在农村推行"农民养老保险"，群众自愿投保，但是村民很少投保。

2003 年始，根据上级要求，大张家镇政府规定镇所辖区域内的企业，必须为在该企业工作的本地区居民办理社会保险，给村民提供了社会保障。

2010 年前后，村里实行养老保险制度，儿女每年给老人交 300 元养老保险，交够 15 年，老人 60 岁后每月领补贴（相当于退休金）65 元，以后逐渐增多，至 2016 年每人每月领 100 元。90 岁以上老人每天再补贴 1 元，一年多领 360 元。老人每年要照相以证明还是否健在。

社会福利事业方面，对无依无靠的孤寡老人，村里对他们实行"五保"，送到镇敬老院，生活费和医疗费用全部由村委负担。老摆（人名）等几位无子女的老人安享晚年。

第五章 农业生产关系与集体经济的演变

中国历来以农为本，"民以食为天"是中国人民几千年来的传统观念。老凹张村也是农业为本的小村庄，新中国成立前97%的劳力从事农业，土地是村民的根。

生产关系方面，新中国成立前有租田制、雇佣制、地主放高利贷；解放战争时期的土地改革没收地主、富农土地，动员富裕中农献田，贫雇农分得了土地；新中国成立后，全国进行了土地改革，将地主富农的土地和农具、实物拿出来分给贫雇农，全村人均分得土地，真正实现了"耕者有其田"；农业合作化时期，农民形成生产互助组、初级农业合作社、高级农业合作社；人民公社化后，卷入"大跃进"热潮，"共产风""浮夸风""强迫命令风""瞎指挥风""特殊风"盛行；1960年，中央提出了"调整、巩固、充实、提高"方针；"文化大革命"时期，形势混乱，政权瘫痪，集体财产受创。改革开放后实行农业生产责任制、家庭联产承包责任制，农民负担减轻。

土地管理方面，新中国成立前，土地继承、转让、买卖都掌握在"区司"手里；新中国成立后，耕地、宅基地、自留地分给农民；改革开放以来实行生产责任制、包产到户。目前村庄的土地出现土地不均、宅基地不均等问题。

政府征收税费方面，新中国成立前皇粮重似山，1949年后贯彻《中华人民共和国农业税条例》，2006年1月1日起废止农业税，结束了2600多年缴纳"皇粮国税"的历史，具有重大的历史意义和现实意义，反映出社会主义制度的优越性。

第一节　生产关系的变革

一、新中国成立前的农业生产关系

1. 新中国成立前农业生产关系种类

租田制　缺田少地的农民大部分是贫农，也包括部分中农。为了养家糊口，自己土地不足，不得不向地主租地耕种，获取一些粮食维持家庭生活。辛苦劳动一年，要把半数粮食交给地主，遇到天灾人祸，不得不借高利贷，他们遭受的剥削最严重。

地租剥削有两种。

第一，佃农除租种土地外，还用地主的生产资料（牲畜、种子、农具、肥料），收获物一般三七分成或二八分成。丰年时佃户尚可得些利益，若遇荒年，佃户所得不足补偿其本。

第二，有的地主吃"死租"，不论丰歉，年年收固定地租；有的地主吃"活租"，歉年收原定地租，丰年提高地租。租率的高低，地主可以任意加减，农民们为了活命，祖祖辈辈只能忍受残酷的剥削，忍饥挨饿。这种不合理的剥削制度，直到1949年新中国成立，在共产党领导下才得以彻底摧毁，真正实现了"耕者有其田"。

雇佣制　地主富农除把土地租给佃户剥削外，还雇工剥削，分长工、短工和童工三种。长工雇期为两年以上，年数不等，住在地主家，地主管饭吃，一年要种数十亩以上的田，还要给地主家挑水、喂牲口，若误工便扣工钱。短工有日工和月工之分，或论件取酬。童工年龄为12～16岁，钱数更少。长工、短工和童工，每日劳动均在12小时以上。部分地主常无故不付工资。

高利贷剥削　地主贷给穷户钱粮，年底还本息。到期不还，利上加利。年息一般借一还二、借一还三，到期还本归息，逾期则利息作本金再计利息。还有些地主放粮，春天借出，麦收时收回。收不上小麦，秋季收回豆子，农民称这种利息为"驴打滚"。

2. 解放战争时期的土地改革

1946 年 5 月，中共中央发出《关于土地问题的指示》。村干部积极宣传土改政策和土地法大纲，开展了轰轰烈烈的土改运动。反恶霸、斗地主、清理财物，动员富裕中农献地、献粮、献物，解救贫苦农民。贫雇农分得了土地、房屋，广大农民脱离了地主的剥削压榨，得到解放。

1947 年 3 月，国民党反动派大举进攻解放区，地主、还乡团乘机反攻倒算，农民分到手的土改成果，有的又被地主夺了回去，土改任务没有完成。6 月，开展"土地大复查"，清理地主富农的钱财、房屋、牲畜、农具，使农民在分得了土地的基础上又分得了住房、牲畜、工具、衣物等生产、生活资料，多数农民获得了利益。同时，对错斗中农给予经济补偿，按照给以出路的政策安置地主、富农。

1948 年 8 月，村政权带领全村人民进行斗争复查，对还乡团的反攻倒算罪行进行了清算，对地主恶霸的不法财产再次进行了清理，广大农民一手拿枪，一面继续分田。

二、新中国成立后至改革开放前的生产关系

1. 1949～1951 年的农业生产关系及土地制度

新中国成立以后，全国进行了土地改革。经过近一年的深入细致工作，1950 年 9 月，正式将地主富农的土地和农具、实物拿出来分给贫雇农，全村人均分得土地 1.5 亩。一向缺田地的贫雇农，不再受地主富农的剥削，大大调动了农民的生产积极性。

1951 年 4 月，农民全部领到了人民政府颁发的土地证，流传几千年的田单从此废除。人们在自己的土地上辛勤劳动，收获的粮食除了交纳小部分农业税和征购粮外，剩下的都归自己。老凹张村的农民生活，虽够不上丰衣足食，却较新中国成立前有了明显的提高。

2. 农业合作化

农业生产互助组 随着党的"过渡时期总路线"的提出，农业合作化开始了。土改结束后，过去只会出卖劳力的贫雇农分到了土地，但是种子、肥料、资金、农具都没有，如何耕作又成了问题。

当时老凹张农会主任把 6 家农户联合起来，成立一个互助组。有活大家干，有难互相帮，根据各人的特长，合理安排劳动作业。按工计酬，多

劳多得，田少的人多出工，合情又合理。互助组得到了迅速发展，至1954年，全村80%以上的农户都加入互助组。同年冬，互助组又改组成"初级农业生产合作社"，实行土劳分红，按劳计酬。

初级农业合作社　1953～1955年，村合作化运动发展迅速，在互助组基础上成立了初级合作社。合作社实行土地入股，农业生产统一计划，统一经营，实行入社自愿、退社自由的原则，分配实行"四六"分红。即土地得40%，劳力得60%，对劳力少、人口多的困难户给予适当照顾。

1954年，国家对粮食实行统购统销。根据每年粮食的一般产量，扣除公粮、口粮、种子、饲料等，规定各户统购量，明确到户。8月，在互助组的基础上，首先成立了全村第一个初级合作社，初级社土地除每人留1分菜地，其余入社统一经营，土地所有权仍属农民个人。耕畜自养公用，按价格付给合理报酬，或折价由初级社统一喂养和使用；大型农具社员私有，社统一使用和维修，并付给折旧费。劳动力参加集体生产劳动，民主评议记工分，分配原则按股份和工分取酬。

高级农业合作社　1955年冬，在初级社的基础上开始组建高级社。村庄成立高级农业生产合作社。下设会计股、财物股、副业股、畜牧股等部门。

初级社转化为高级社，所有制性质发生了变化。首先，社员的土地归集体所有，每人留一点自留地，地权归集体。其次，牲畜和大中型农具折价入社，集体统一经营。全村分为6个生产队，高级社管委会依据国家、集体、个人按"人七劳三"进行分配，实行"一平二调"。

1956年，在社会主义改造运动中，除将工商业、手工业、交通运输业等实行公私合营外，初级农业生产合作社实行小社并大社，而且要百分之百的农户都入社。从1952年互助组开始到1956年以前的初级社阶段，虽然农民参加了互助组和初级社，土地已经集中耕作，但还保留着私有的成分，土地还作为收益分配的依据，参加"土劳分红"。

1956年成立高级社以后，取消了土地分红，改为"按劳分红"，这样土地多劳力少的农户感到吃亏太大。虽经过再三动员，大部分人勉强入社，个别农户仍犹豫抵触。但由于大势所趋，最后不得不入社。

3. "大跃进"、人民公社化

1957年11月13日，人民日报发表题为《发动全民，讨论四十条纲要，掀起农业生产的新高潮》的社论，号召"在生产战线上来一个大跃进"。

1958 年 5 月，在中共第八次全国代表大会第二次会议上，正式通过了中共中央根据毛泽东倡议而提出的"鼓足干劲，力争上游，多快好省地建设社会主义"的总路线。

1958 年 8 月 30 日，中共中央政治局于北戴河会议上，讨论通过了《关于在农村建立人民公社问题的决议》，高级农业生产合作社更名为队。9 月，在"大跃进"的口号下，大张乡建立人民公社，10 月，改设生产大队和生产队，老凹张大队从这时基本定型。

随着人民公社化的形成，迅速卷入"大跃进"热潮。"共产风""浮夸风""强迫命令风""瞎指挥风""特殊风"盛行。无偿调拨社员及生产队的财力，搞贫富拉平、干活不记工分。鸡、猪大集合，由集体统一管理。生产高指标，搞大兵团作战。县里召开万人跃进誓师大会，提出"白天跟着太阳干，夜间跟着月亮转""人有多大胆，地有多大产""亩产粮食双千斤、地瓜双万斤"的口号。村内很快形成"大干快上"的生产热潮。

在"大跃进""卫星连"等浮夸声中，老凹张村和全国各地一样，拆掉每户的灶具，取消自留地，刮起了"共产风"。实行"组织军事化、生产战斗化、生活集体化""一平二调三收款"。生产队改为连，每连设一个公共食堂，集体开伙，吃饭要交钱，实行饭票制。1958 年的"五风"使集体和群众利益遭受极大损失，加之自然灾害，最终导致了三年生活困难时期。

1960 年 8 月，中共中央提出了"调整、巩固、充实、提高"的八字方针。11 月 3 日，中共中央发出了《关于农村人民公社当前政策问题的紧急指示信》（即《十二条》），彻底纠正"一平二调"的错误，允许社员经营少量的自留地和家庭副业，从各方面节约劳动力，加强农业生产第一线。遵照这一指示精神，村内开始纠正"五风"，清退平调的集体和社员财产，促进农村各项政策的落实。

1961 年，由县、市的部分领导组成的工作队及时纠正了"大跃进"的一些错误政策，解散食堂，恢复自留地，解散集体养猪，实行公社、大队、生产队三级所有，建立以生产队为基本核算单位的制度。在保证完成国家征购任务的前提下多产多留，多产多吃。经济分配按全年总收入，扣除生产成本、农业税后，将多余的金额按劳分配、结算到户。这些符合农民利益的措施贯彻以后，大大调动了农民生产的积极性，粮食产量明显回升。

1962年2月，中共中央发出了《关于改变农村人民公社基本核算单位问题的指示》，决定农村人民公社一般以生产队（即小队）为基本核算单位。大队根据自身情况，恢复6个生产小队，落实"三级所有，队为基础"的管理体制，在劳动管理上实行劳动定额及分配上实行"各尽所能，按劳分配"的原则。农村经济体制稳定和完善，社员生产积极性逐步提高，使农业生产迅速得以恢复和发展。

4. "文化大革命"时期

1966年，"文化大革命"开始后，大队瘫痪，集体财产遭到严重损失。把劳动管理制度当作修正主义的"管、卡、压"进行批判，将行之有效的奖惩制度视为"工分挂帅，物资刺激"。农村财务管理制度也被戴上高帽子。干部、社员的积极性受到挫伤。

1968年，由于形势混乱，全村粮食总产量锐减，误把生产上的"大呼隆"、分配上的"大锅饭"当作集体经济的优越性，把种自留地、搞家庭副业当成"资本主义尾巴"割掉。

1970年，村内掀起"农业学大寨"高潮。全国计划工作会议提出了"以阶级斗争为纲，狠抓战备，促进国民经济新飞跃"的口号。

1974年，张维峰书记随公社参观团到大寨参观学习，回村后根据上级要求推广大寨经验，建大寨田，试行"大寨评工记分法"。同时，组织社员填坑、整地、打井，对农业生产也起到一定的促进作用。

三、改革开放后的生产关系——农业生产责任制

1978年党的十一届三中全会后，全党工作的重点转移到经济建设上来，逐步推行和完善了家庭联产承包责任制。大队结合本村实际，推行了多种形式的生产责任制。

1. 责任制的多种形式

联产到组责任制 1980年，中央颁布《关于进一步加强和完善农业生产责任制的几个问题》，在坚持生产资料集体所有的前提下，由生产队统一计划，统一使用劳力、资金、农业机械，统一核算分配。初步克服了吃

"大锅饭"的弊端，粮食产量大幅度提高。

联产到劳责任制 1981 年上半年，在集体所有制不变、基本核算单位不变、统一分配不变的前提下，直接联产到劳动力。实行定劳力、定地块、定产量、定成本、定工分，超产全奖、减产全罚的"五定一奖"。把个人劳动成果与报酬直接挂钩。1979 年亩产皮棉仅 18 斤多，1981 年亩产皮棉达 109.5 斤。

大包干 1981 年秋，根据县进一步加强和完善农业生产责任制的精神要求，个别生产队开始进行"大包干生产责任制试点"。部分地将耕地按人口或人劳比例，分包给农户（包工、包产、包投资），独立经营，自负盈亏。包产内归队统一分配，超产部分归户，称为"大包干"。

2. 家庭联产承包责任制

1982 年，中央 1 号文件传达贯彻到村，大队干部思想进一步解放，对已实行的生产责任制大胆改革，实行家庭联产承包责任制，取消工分制和统一分配，初步建立集体经营和农户分散经营相结合的双层经营体制。大中型农业机械、水利设施等由集体管理使用，土地按人口或劳力比例以合同方式承包到户，分散经营。产品按合同规定，除上交国家任务和集体提留外，全归农户。耕畜、农具作价归户。农民真正有了生产上的自主权，责、权、利结合，按劳分配的原则充分体现。1982 年年底，全村 6 个生产队全部实行联产承包责任制，有力地促进了农业生产的快速发展。1984 年，粮食、棉花亩产比 1977 年分别增长了 1.3 倍和 10 倍。多种经营得到全面发展。

1984 年，撤销公社改为乡镇建置，大队和生产队遂改为村民委员会和生产小组。1986 年，农村推行口粮田、责任田、宅基地三田承包制度。

1988 年后，由于市场变化，种田不再是根本，一般家庭中有能力的人外出挣钱，老弱妇女在家种地。农村家庭承包制度不断完善。村庄留 8% 机动地，留给新进人员，其余全部按人分配到户，农户自主经营。

1995 年，受宏观调控的影响，企业效益下降，人们的工资随之减少，有的甚至下岗待业，加上粮价大幅度调整，种田热又慢慢有所回升。

2003 年 10 月 1 日，《山东省实施农村土地承包法办法》出台新的《土地承包法》，确立按人分地、增人不增地、减人不减地的承包制度。

2016 年，继续实行家庭联产承包责任制，土地政策 30 年不变，有利于人们管理土地的稳定性、增加投入。

四、减轻农民负担

1983 年 1 月 2 日，中央 1 号文件印发《当前农村经济政策的若干问题》。7 月，农村体制改革，村民大会选举产生第一届村民委员会。1984年 3 月，根据中央 1 号文件《关于 1984 年农村工作的通知》精神，县人民政府向农民颁发《土地使用证》。对有一技之长且经营意识强的村民，鼓励发展为各种类型的专业经营户。

随着党在农村各项政策的落实，村内农民家庭经营状况大为好转，但耕地分布不均，差别较大，土地最少的生产组人均不到一亩地，管理、计划生育、乡村道路修筑等费用，再加上集资、摊派，群众负担不断加重。

1985 年 10 月 31 日，中共中央、国务院联合发出《关于制止向农民乱派款、乱收费的通知》，村支部、村委会压缩开支，群众只需上缴统筹和提留，免除村提取部分。

1990 年，镇分配提留任务折成小麦，以夏季征购任务形式下达到户，多数农户打白条欠款。1991 年 12 月 7 日，国务院发布实施《农民承担费用和劳务管理条例》，明确农民负担不能超过农民人均纯收入的 5％。1992年 7 月 23 日，国务院办公厅发出了《关于进一步做好农民承担费用和劳务监督管理工作的通知》。1993 年 3 月，中共中央办公厅、国务院办公厅颁发《关于切实减轻农民负担的紧急通知》，同年 7 月，全国人民代表大会通过《中华人民共和国农业法》。1995 年 6 月，农业部、监察部联合发出通知，要求自 1995 年开始在全国推行农民负担监督卡制度，农民负担开始减轻。

1998 年 10 月，中共十五届三中全会通过《中共中央关于农业和农村工作若干重大问题的决定》，高度评价农村改革开放 20 年来所取得的巨大成就和创造的丰富经验，提出到 2010 年建设有中国特色社会主义新农村的奋斗目标，以家庭承包经营为基础、统分结合的经营制度，以劳动所得为主和按生产要素分配相结合的分配制度必须长期坚持。据此，村内进一步完善土地承包政策，把土地承包期延长到 30 年。

第二节　土地管理

一、新中国成立前的土地管理

自古至今，历代统治者为了维护自身经济利益，对土地的管理都非常重视，各个朝代都设专门机构和制定一套完整的管理制度控制民间土地。

1936 年，国民政府准备对土地面积进行一次全面的清查登记，利用航测的先进技术拍摄出地形照片，然后凭田单到照片上核对登记，政府派专人到各保进行登记，这项工作在抗战前夕已基本完成。

1949 年前，土地继承、转让、买卖都掌握在"区司"手里，地方掌管土地的人叫"量司"。发给农民的田单是拥有土地的法律依据，田单可以抵押借钱，但不得单独办理过户手续，买卖土地双方必须签订卖地契约，签约时必须请"量司"在场，并请村里族内有声望的人作"中人"。即使兄弟分家，一块田分成几份时也要插杨树桩为界，不能做田埂。两家共用一条田埂时，铲田埂的厚度两家都得一样，有差错时，小则口头争吵，大则干戈相见，哪怕是亲兄弟，都是寸土不让。

二、新中国成立后至改革开放前的土地管理

新中国成立以后，老凹张村与全国一样进行了土地改革。

1950 年秋，除河流外，所有的耕地都分配给农民，成为农民的私有财产。1951 年，老凹张村民全部领到了人民政府重新颁发的土地证。

从完成土改到 1956 年成立高级社之前，土地都分归农民私人所有，农民除按田亩向国家缴纳公粮外，不存在管理问题。盖房只要不侵占别人的土地即可。

1956 年成立高级社以后，宅基地和一小部分自留地归社员家庭所有外，其余的都归集体所有。在原有宅基地上可自由盖屋，但是要超出原宅基地盖房子，则必须申请新的宅基地并经过大队批准。

20 世纪 70 年代后期，公社和大队（村）对房屋的占地面积有明确的

规定。

三、改革开放以来的土地管理

党的十一届三中全会以后，莘县农村开始实行各种形式的生产责任制，例如分组作业、联产计酬、包干到组，直至最后实行包干到户，也就是目前的家庭联产承包责任制。将不同地块按人口分到各户。由于要兼顾不同地块、不同等级的土地，造成每家分得的土地很零散，平均每户有土地七八块，浪费人力物力，不利于管理。1983年，全村进行一次土地调整，农户家的地块相应减少，土地相对完整。

1989年，抓阄儿确定每家所分土地的位置。之后，贯彻"大稳定、小调整"的政策，迁出或死亡人口要撤出土地，重新分给迁入和新增加的人口。1995年，全村又进行一次大规模的土地调整，一等地保持不变，二三等地则重新进行分配，主要是给新出生的孩子分配土地。

2003年，国家出台的新的《土地承包法》规定：增人不增地，减人不减地，稳定农村土地家庭承包期30年不变。

土地流转主要发生在有村民外出务工的情况下。老凹张村以往不存在土地流转、抛荒现象。这源于老凹张村人淳朴的民风：作为农民种好地是天经地义的。

随着农业领域各项税费的减少，尤其是取消农业税后，国家又给予各种支农补贴。农民种粮和经营农业的积极性开始提高，外出务工的家庭大都经营着自己的土地，子女外出打工的，由父母经营；丈夫外出的，由妻子经营。许多农民平时外出务工，农忙时回家务农。只有在全家外出或家人无力经营的情况下，才将土地交由亲戚经营或租给未外出的村民。而租入土地的则是本村劳动力相对富裕的家庭。

2007年以前，老凹张村的土地租赁仅是个别现象，只限于村民之间的土地流转，百姓之间租每年300元/亩，承包人自己出劳力，每年每亩地能赚500元左右。2008年后，外村有人到老凹张村租赁土地种辣椒、山药、金银花等经济作物，土地流转数量增多，租给商家每年1000元/亩，一般承包50亩、100亩地，先交半数定金，余款在收获后付清。

2016年，土地管理没再发生变化，百姓之间租赁土地每年400元/亩，租给商家每年1200元/亩。

四、目前土地制度存在的问题

1. 土地不均问题

老凹张村于 1995 年对土地进行大规模调整的主要原因是解决自家庭联产承包制以来新增人口的土地分配问题。因为十几年间累积的新生人口数量巨大，在以经营农业为主要收入来源的老凹张村，如此多的人口没有土地，会引发严重的社会问题。2003 年中央提出稳定家庭承包 30 年不变政策后，老凹张村未再进行土地调整。

相比十几年前，老凹张村的人口和经济结构发生很大的变化，大量劳动力外出务工、经商，有的在外定居，而他们仍保留着土地；有一部分人通过考学、招工等途径已迁出本村，但其土地仍留在家里。另外，七八十年代出生的人已纷纷结婚生子，大量的新增人口没有土地。

两类家庭对照而出。一类是人少地多，一两个人种几个人的地，有个村民有 5 个女儿都出嫁了，和老伴有 18 亩地。另一类家庭是人多地少，一大家子却没有多少地。这类家庭一般妻子和孩子都没有土地，只有丈夫在与其父母分家时带来的那份承包地。

大量新增人口没有土地，会引发许多社会问题，影响社会的稳定。

2. 宅基地空置问题

农业用地的制度变迁与流转存在问题，在宅基地的分配和使用方面也存在许多问题。

按照国家规定一户一处宅基地，但老凹张拥有两处以上宅基地的户数很多。据对 50 户村民的典型调查，拥有两处以上宅基地的为 20 户，占调查户的 40%。

2003 年前，老凹张村村民建房需申请宅基地，如果符合条件便可无偿获得一份宅基地。原来的宅基地仍保留着。本来老凹张村由于劳动力外出就有大量的空置房，现在又有很多拥有两处宅基地的农户，而他们往往只住一处。有男孩的家长在孩子十来岁时就另置院落，为孩子结婚准备。新婚家庭一般因代沟等问题多与父母分开住。近年来，宅基地多向村庄四周发展，院落、房子面积都大，胡同宽，大门基本都能开进去汽车，原来父母住的老院狭小、胡同窄，不受年轻人欢迎，多数空着，造成土地的浪费。

第三节　村集体资产及管理

一、村集体资产情况

新中国成立前，村里公共资产大体可分为庙宇及桥梁。村内共有庙宇2处，目前处于失管状态，但村民约定俗成地保护着，过年过节有人去烧香、上祭祀供品，求愿、还愿。

新中国建立60多年来，老凹张村的集体资产经历了巨大变化。从土改到合作化再到成立高级社后，土地和主要生产资料完全归集体所有，资金大部分投入农田基本建设和建立电站。

1978年改革开放后，大队的工作重心由农业转向了工业，集体经济不断发展壮大。1983年实行家庭联产承包责任制以后，个体经济得到了迅猛发展，村里能人在工业战线上大展宏图，大办企业，有些企业的资产已逐步转化为集体所有。随着经济的迅速发展，属于集体的村基础设施也在不断增加，但集体资产在村经济和全部资产中所占的比重不断下降。

90年代初期，村集体资产只剩下一些电力、自来水等基础设施和公共设施。

二、脱贫措施

由于老凹张村集体收入在大张家镇甚至莘县都属于落后村，村庄的集体经济自改革开放以后由于种种原因没有真正发展起来，从1995年开始，由镇政府牵头，联合各部门共同关心和支持老凹张村的发展，帮助村委调整产业结构，并从财力上加大支持力度，给老凹张村增添了新的活力。

第四节　村财务收支情况

村财务收支主要是指人民公社时期的老凹张大队集体经济和1983年以

后老凹张村委会的集体收支。人民公社时期，生产队的主要收入来自农业。20 世纪 70 年代中期以后，大队的集体收入不高，占比重很小，以至大队部的工分都要由各生产队分摊。集体经济的支出，主要有生产成本、扩大再生产的投资、社员分配以及公共开支。据会计张绪仁回忆：社员的自留地、家庭副业和其他收入所占比重随政治形势起伏不定，社员总收入的 70% 左右来自集体分配。1983 年实行了包产到户，村财务收支发生了根本性的变化。1988 年，根据村民自治原则，村集体财务实行自主管理。1993 年，村庄财务实行"村账乡管"，村会计统一到乡镇经管站记账，账薄由经管站统一管理。

一、村集体收入情况

1983 年老凹张村实行包产到户以后，集体经济的收入主要来自两个方面，一是村委会向承包土地的农户征收的集体提留；二是村办企业的收入。1983~1986 年，集体收入增加很少；1986 年，老凹张村累计负债总额很高，供电局为此多次切断老凹张村的电源。原因主要有：一是老凹张村没有工业；二是老凹张村的管理存在问题，电费的收缴方面有漏洞。

从 1987 年起，村委会加强村里各项制度（主要是收取电费）的制定、管理，经过大约三年时间的整顿，基本堵住了个别人偷电的漏洞。

二、村集体支出情况

村集体的支出，主要是村办公费用，过去统一支出的电力以及基本建设、村办企业投资以及其他公共开支。

村庄一年的开支要按年初定的预算走。预算集体讨论，最后由书记拍板，由村委主任负责落实。实际上村里的开支分为两块：预算内和预算外，分别由两个会计管理。支出占最大份额的是公共开支，尤其是办公费。

三、村务公开

1982 年以后，随着改革开放的深入，村民挣钱靠自己，只要不触犯国法就没人管。但干部办事要看合理不合理，水电费、农业税的收缴方面，群众总是怀疑干部有偏向，在盖房、计划生育等政策性问题上，群众盯得更紧。

为了搞好廉政建设，拉近干群关系，还村干部一个清白，像全国农村一样，老凹张村村委会从 1999 年开始实行"村务公开"。具体办法就是在村委会外面墙上，专门设立一个村务公开栏，定期将村务中的主要事项向村民公布，接受群众的监督，并设立检举箱，供村民提建议或检举违法乱纪之事。自从村务公开以后，村民反映良好。

第五节　税收制度的变革

中国是一个历史悠久的农业大国，传统农业的主体地位决定了农业税的历史地位。从公元前 594 年鲁国实行"初税亩"开始，中国历史可以说是一部农业税史，不同历史时期赋予了农业税制不同的本质和内涵。在漫长的封建社会，农业税始终是历朝历代统治阶级压迫、剥削农民的工具，农业税问题成了历代政权更迭的主要导火索之一。2006 年 1 月 1 日起，废止《农业税条例》，结束了中国 2600 多年的缴纳农业税的历史。

一、新中国成立前的田赋

封建社会"皇粮重似山"，政府向农民收取"皇粮"是按照都、图、甲的建制进行。"甲"是当时收缴"皇粮"的最基层组织。上面将一个图十个甲的各户交粮通知单交给甲主，由他分发到各户。甲主扛着交粮公告牌，敲着铜锣到各村通知，早晚各敲一遍，要一连三天，做到家喻户晓。收"皇粮"季节，上面专门派有官员到农村催粮，谁稍有反抗，差役马上拘捕入狱。"皇粮"一直是头等大事。

明朝实行计户分里，随粮定区，在明万历八年（1580 年），全国完成了土地的清丈工作，根据土地面积来征收田赋。

清朝不但土地要征税，年满 16～60 岁的男性，还要纳人丁税，同时赋税不再要粮食，把粮食折成银两，田也分等。雍正四年（1726 年）时，摊丁入亩，丁地合一，每年分两忙征收。乾隆、同治年间有所改变。

民国初期沿用清制。日军侵占期间，日伪政权仍按二等九折计征税。

抗战期间，国民党地方政府和地方杂牌游击部队的一切开支都向农民要，田赋没有明文规定的标准，伪乡长、保长便浑水摸鱼，趁机加码，农民苦不堪言。

1945年抗战胜利后，国民政府宣布免收当年田赋，豁免期1年，以后按三等九折征粮。1946年，重新编造田亩新册，赋额逐年增加，1948年又增加赋税。再加上壮丁费等额外负担，压得人民喘不过气来。

在新民主主义革命时期，中国共产党在根据地先后废除一切苛捐杂税制度，并在利用、改造旧税制的基础上，逐步建立了新型农业税制度。共产党人在长期的革命战争中，灵活运用农业税制度，创造性地解决了农民负担和战争需要的重大问题，农业税成为农村革命根据地和解放区财政收入及军队供给的主要来源。

共产党人制定和建立了一系列服务于革命战争的农业税政策，在经济落后的解放区，取得了抗日战争和解放战争的胜利，创造了中外近代战争史和财经史上的奇迹，为建立新中国提供了可靠的物质基础和政策保证。

二、新中国的农业税收

新中国成立之初，国民经济以农业为主，政府收入主要依赖农业的贡献，农业税在国家财政收入中举足轻重。1958年，毛泽东签发了《中华人民共和国农业税条例》，统一了全国农业税制度，这是指导农业税工作的法律依据。农业税对农村的经济发展、社会稳定起到过很大的历史作用，促进了农村的计划生育、优抚支出、基层民兵训练、街村道路建设、卫生医疗等事业的发展，是农村基层稳定、基层政权发挥积极作用的重要保证之一。亿万农民通过缴纳农业税，积极支援国民经济的恢复和社会主义建设。几十年来，农业税为我国社会主义国家政权建设和实现国家工业化提供资金，在促进农业生产力的发展、密切党群关系、改善农民生活等方面都发挥了重要的作用。

1. 我国多年实行的农业税制

新中国成立以来，我国实行按计税土地面积和计税常年产量基础上征收的农业税收，名义税率为15.5%，实行以征收实物和征收代金大致各占1/2的定额征收方式。1994年，进行分税制改革，建立了以增值税、流转税为主体，以企业所得税、个人所得税为辅的新的税制体系。新税收体系对农业税基本没做改动。

2000 年，中央开始在部分农村推行税费改革，改革内容之一就是调整农业税政策，对农业税税率进行了调整。将原来的农业附加税并入新的农业税。新的农业税实行差别税率，最高不超过 7%。

2. 农业税收制度的改革

新中国成立以来的 60 多年里，我国农村经济经历了三次大的变革，农业税作为历次变革的突破口发挥了重要作用。第一次是新中国成立初期的土地革命。第二次是 20 世纪 80 年代初实行的农村家庭联产承包责任制。第三次是 2000 年以来的农村税费改革。

改革开放初期，由于我国在农业方面实施了一系列正确的政策，农业获得长足发展，农业普遍增产增收。80 年代初实行家庭联产承包责任制，农业税实行起征点和贫困社队免税三年的办法，冲破了旧体制对农村生产力的束缚，使农民获得充分的生产经营权，调动了广大农民的生产积极性。

但 80 年代中后期，逐渐出现了"卖粮难"，农民收入增长乏力，农民负担逐渐增加，"三农"问题日益严重，尤其是在农业征税之外的各种杂费让农民不堪负重。

2000 年以来的农村税费改革，以取消"三提五统"等税外收费为核心，改革农业税制度，依法调整和规范国家、集体与农民的利益关系，将农村的分配制度进一步纳入法治轨道。2002 年 6 月，莘县实行税费改革，取消村级三项提留。

2004 年 3 月，在十届全国人大二次会议上，温家宝总理在政府工作报告中宣布，自 2004 年起"逐步降低农业税税率，平均每年降低 1 个百分点以上，5 年内取消农业税"。农村税费改革骤然加速，当年中央财政为支持农村税费改革拿出 396 亿元用于转移支付。农村税费改革模式主要有三种：第一，全部免征农业税。第二，降低农业税 3 个百分点。第三，降低农业税 1 个百分点。各地都积极地落实"减免农业税"的政策，全国农业税负担平均减轻 30%。

2005 年，国家指出农业税减免补贴的对象、范围，而且对农业税减免予以了坚实的财政保障，并鼓励地方积极实行减免补贴政策。提出在国家扶贫开发工作重点县实行免征农业税试点，在其他地区进一步降低农业税税率。在牧区开展取消牧业税试点。因减免农（牧）业税而减少的地方财政收入，由中央财政安排专项转移支付给予适当补助。有条件的地方，可自主决定进行农业税免征试点。继续对种粮农民实行直接补贴。中央和地方的农业税减免进一步提速。据统计，到 2005 年年底，全国有 28 个省份已经全部免征农业税，另外 3 个省份河北、山东、云南也已经将农业税降到了 2% 以下，这 3 个省也有 210 个县免征了农业税。农业税在全国财政收入中所占比重已经微乎其微。

2005 年 12 月 29 日，十届全国人大常委会第十九次会议全票通过决定，2006 年 1 月 1 日起废止《农业税条例》，取消除烟叶以外的农业特产税，全部免征牧业税，取消"三提五统"等税外收费。2006 年 6 月，老凹张村取消农业税，结束了 2600 多年缴纳"皇粮国税"的历史。

免征农业税是农民的特大喜讯，是政府从共享社会发展成果方面进行的努力，具有重大的历史意义和现实意义。首先，取消农业税有利于减轻农民负担，增加农民收入。其次，有利于加强农业基础地位，增强农业竞争力，提高农业综合生产能力。再次，有利于加快构建社会主义和谐社会，维护国家长治久安，促进全面建设小康社会的进程。最后，有利于逐步消除城乡差别、促进城乡统筹发展，反映出社会主义制度的优越性。

三、其他税收情况

老凹张村最早缴纳工商税和所得税是在 1975 年。1994 年以前，国税和地方税费一起征收。1994 年始，国家实行分税制改革，老凹张村农业税以外的税收，也分为国家税和地方税费。国家税包括流转税、增值税；地方税则包括所得税、城建税、房产税、土地税、印花税、营业税以及其他地方税。这些税费负担者主要是乡镇企业。

第六章　农业的发展演变

聊城地区素有"粮食之乡"的美称，聊城的农业产品质量上乘、历史悠久。老凹张村世代农业位于各业之首。粮食作物以小麦、玉米为主，另有高粱、谷子、豆类，经济作物主要包括棉花、油料、蔬菜、麻、烟叶、树、瓜果。各类作物的生产收获季节不同，小麦6月初收获，玉米10月初收获。耕作技术在变革，从原来单纯靠天吃饭向科学种田发展。肥水方面从用人畜粪便转为化肥，灌溉方式从井、垄沟到今天塑料水龙带，向自动喷灌发展。农业机具从无到有，向快速、高效发展，包括播种机具、耕作机具、中耕工具、灌溉机具、植保机具、收割机具、脱粒机具、粮食加工机具等。农户比较重视植树，林木收入也是构成农民收入的重要来源。现有树木1万棵，每年能砍伐几百棵。老凹张村尽管不是木材专业加工村，但木材加工户也有10个。

第一节　农作物

一、主要农作物

小麦　老凹张村传统的、最重要的农作物，也是目前种植面积最广的作物。当地人有"秋分种麦"的说法，但是由于气候的原因，现在小麦的种植稍往后推迟，一般是在10月中旬。这是村民最忙碌的季节，因为收玉米、种麦子都是在这时。麦子播种后不久便会出苗，进入冬季，麦苗主要长根，待第二年春天又长出绿油油的麦苗。6月初，麦子进入成熟期，老凹张村的又一个忙季开始了。

收麦子曾是耗时很长的劳作。先是在麦田中割出一块空地，平整后用作打麦场。麦子割完后先垛在麦场，最早是晒干以后，套牲口带上石磙轧；后来拖拉机带石磙轧；再以后用小型脱粒机脱粒，脱完粒后扬场。整个过程要视天气而定。如果遇阴雨天就要延后；如果风力不够，人工扬场也难以进行。从割麦到收麦归仓持续一两个月。

目前用联合收割机，整个收割过程用时很短。农户只要准备好足够多的口袋，在地头等候，待收割机割过自家地后，用口袋接住麦粒，用车拉回家即可。在收割的同时，麦秸已被粉碎，用于肥田。唯一不便的是，因为一块地分属不同农户，由于种植时间不同，成熟时间也不同，就不能同时收割。即使同时播种、同时收割，也只能在一户收割完以后才能收割另一户，而不是按片作业、统一收割、统一装卸，致使收割机的效率发挥不出来。一般机主都是选择地块大的先收，地块小的尽量搪塞过去，或待机子有空时再收割。村民在收完小麦后，再种玉米、大豆、高粱、谷子、红薯等，玉米间种其他作物。

2010 年，小麦亩产 1000 斤左右，售价 1.20 元/斤，每亩地每年收入 1200 元左右，全年每亩投资 700 元左右，可收入 500 元左右。近几年，村民试种黑麦，黑麦不含糖，加工成淀粉、面条送到大城市，黑麦面条 4 元/斤，黑麦 1.5 元/斤。

玉米 当地称棒子。1976 年，推广绿肥作物，在麦田中每隔两垄麦子，留 80 公分空间用于种植玉米。麦子收割后，玉米充分成长，玉米收割后种上麦子。这样，通过小麦、玉米和绿肥作物间作，粮食产量得以提高，使老凹张村告别了以红薯干为主要食物的历史。自此，老凹张村就开始大面积推广玉米种植。

过去，玉米都是用镰刀人工收割，玉米根部也要挖出当柴烧。玉米收获以后要耕地，最初是人力耕地，后来用牛耕作，再后来用拖拉机。现在由于收割机、旋耕机等农业机械的使用，玉米收割、耕地、小麦播种都是机械操作。玉米联合收割机一遍过去直接出来玉米穗子。农户将玉米穗收回、备麦种等，大大提高了收割速度。

2000 年，玉米亩产突破 800 斤。

因为天气原因，2016 年玉米减产。刚收割时湿玉米售价 0.3 元/斤左右，干玉米 0.7 元/斤左右。现在国家控制种玉米，提倡种土豆，因为进口玉米比国产玉米便宜，玉米亩产 500~800 斤，去掉灌溉、种子、化肥、农药等投入，秋季每亩地收入仅 400 元左右。

二、其他农作物

高粱　曾是老凹张村传统的粮食作物。但目前高粱的种植面积大幅度减少。

谷子　在新中国成立前播种面积较大，常产一般在每亩 100 公斤上下。近年种植面积逐年减少，导致小米越来越贵。目前少量村民种植谷子，自家食用。

豆类　主要为大豆，也有绿豆和红豆。但随着外出务工人员的增多，种植面积也在减少，目前种植大豆主要是自用。大豆一般用来做腌豆、豆腐等。

红薯　红薯是薯类作物中的主要品种，曾在老凹张村乃至莘县饮食中占重要地位。老凹张村土质适于种植红薯，且产量很高。红薯多为夏种，称夏红薯。夏红薯一般窖藏、食用和留种。村内窖藏一般多用井窖，绝大部分农户在院内挖有地窖子（地窖）。20 世纪 50 年代后，也开始春季种红薯，称春红薯。由于不易储存，收获后少量鲜储，大量切片晒干。因产量高，含淀粉多，现大都用于制作粉条，卖粉条是农民的一项重要收入来源。也有农民仍保留有晒红薯干的习惯。在玉米大量引进之前，红薯干为村民的主要食物。现在村民的饮食中也能经常见到红薯的身影。红薯与花生、芋头、面粉等制成的菜常出现在村民的餐桌上。

第二节　经济作物

棉花　曾是老凹张村主要的经济作物，一度是村民重要收入，莘县是全国的棉花种植基地。

20 世纪 60 年代物资匮乏时期，种植棉花曾使老凹张村获得额外的奖励。1962 年棉花生产列入国家计划，经济作物种植比例有所扩大。1979 年国家试点，1980 年贯彻地委"粮棉一齐抓，重点抓棉花"的指示，棉花种植逐年扩大。1981 年重新发展种植，棉田面积继续增加，1983 年，单产皮棉近 60 公斤。1984 年棉花种植面积达人均 1 亩，占总耕地面积的 60%。

　　"文化大革命"期间片面发展粮食生产，忽视经济作物，棉花生产受到一定影响。改革开放以后，棉花种植面积开始增大，20世纪八九十年代是老凹张村历史上植棉面积最大的时期。当时推广"鲁棉一号"品种，产量很高，尽管收购价格较低，但由于缺乏其他收入来源，农民仍有极大的种植热情。全县棉花产量大增，造成"卖棉难"，全村家家户户去道士路棉厂连夜排队卖棉花，排两三天才能卖掉。道士路有亲戚的夜里住在亲戚家，没亲戚的睡在卖棉花车上，热闹场景胜过今天城里为孩子排队上学或某一热门楼盘的销售。

　　1985年国家订购任务减少，棉花种植面积开始减少，棉铃虫多，病虫害严重，导致减产。1994年，地方政府实行派购，人均分配任务籽棉30斤，完不成任务的除按市场价补交现款外，处以每斤2元的罚款，1998年取消棉花订购任务。

　　棉花种植劳动强度很大，需要经常喷洒农药，还要修剪枝杈等，最后采摘。因此，当外出务工人员增加时，棉花的种植就日趋减少。现在虽有些家庭仍在种植，但都是自用，用于做被子等。2016年老凹张村棉花种植面积为20亩，产量几百斤。

　　芝麻　自古以来都有种植，一般种植面积不大，田间地头或庄稼苗不全的地方种一些，芝麻开花时呈层层花，正如谚语所说"芝麻开花节节高"。成熟季节用镰刀割倒，打成捆，放到家里房顶上晒，过一段时间倒出芝麻粒，芝麻粒集中多了去磨香油，这就是小磨香油的由来。芝麻秆留到年底，年三十晚上撒在院子里，为驱邪用。早起来拜年的人们踩在上面嚓嚓响，驱除魔怪，带来吉祥。

　　花生　喜沙土质。老凹张村淤泥地多，过去种植少，一年收不了几十斤，节省着过年过节吃。儿时，姑姑每次带来几把，每个孩子分几粒，在口袋里放几天舍不得吃，一粒花生米要分几半解馋。20世纪80年代才大量种植。麦收过后种下花生米，经过夏天除草护理，秋天收获，过去人们费力气用镢头刨，现在用犁子翻出来，再有人把花生果摘下来。新花生洗干净煮熟即能食用，就是城里一年四季常见的煮花生。大量花生晒干拿去花生油加工厂，脱皮机一遍过去只剩下红红的花生粒，放在大锅里炒至半熟或八成熟，有电子温度计记温度，在压榨机上榨油，流出来的是滴滴醇美的花生油。

蔬菜 在人民公社时期就有种植，品种主要有辣椒、豆角、萝卜、大白菜等。队里隔三岔五就会分些菜，但是数量不多。蔬菜品种多年来也没有太大的变化，只是由生产队种植改为由农户种植。农户种植的蔬菜大多为自家食用，少量出售。村民张宝贵最早开始在地里种菜，一年收入能有两万多元。种菜比种粮食赚钱，其他村民看到他种菜赚钱，也跟着他一起种起来。种菜可以种两季，也可以种三季。若种三季，冬天要在大棚里育苗，比较忙。一般春节之后就开始种菜，八九月份再种一次，时间来得及的话夏天还可以再种一季。蔬菜苗一般都是从县育苗公司购买，蔬菜的销售一般是就地销售，有菜贩前来收购。也可以自己到县里的批发市场销售。近年来，随着瓜菜品种的引入，西红柿、西兰花等种植多了起来。2016年，老凹张村的蔬菜大棚有80多个。

麻 为1980年前村内主要经济作物，集体规模种植面积逐步扩大，一般亩产75～100公斤。1980年前后，国家没有收购任务，大队将麻田改为棉田，麻的种植面积极少。麻收割后一般要经过沤、晒、硫熏、剥皮等工序。沤麻以坑塘沤制为主，沤制好的麻要暴晒。按人口或工分分配到户。后来一般零星种植，常以洼地和河沟边居多。大包干后，麻用来做绳、自用，少有出售。

烟叶 20世纪六七十年代，村庄有烟叶田。绿色的烟叶长到芭蕉叶大小时摘下，平铺在地上晒，晒干后收起来平铺叠加放好，一摞摞地拿到集市上去卖些钱。

第三节 耕作技术的变革

在小麦的栽培方面，过去农民称麦季为小熟，对小麦的栽培并不十分重视，在耕作技术上比较粗放。种麦时一般犁一遍撒上麦种，就算完成任务。整个冬天不管，一般施追肥的并不多，所以过去小麦亩产也就百斤左右。

1949年后土地收归集体经营，对小麦的耕作方法进行了改革。70年代小麦单产多年超过300斤，1979年高达586斤。80年代后期，小麦种植有了很大的改变。尤其是高效复合肥料和小麦新品种的推广，对小麦的高产稳产起了决定性的作用。一般正常年份，全村平均亩产都超过 600 斤，大部分农户亩产超过 650 斤，个别管理好的农户突破 700 斤。产量能有这么大的突破，关键在于耕作技术的改革。

一、推广良种

过去农民种田虽常更换种子，但由于缺乏科学知识，不知优良品种时间长了要退化，种了几年产量便会越来越低。

农业合作化时期，提倡选留种子，提高种子的质量。政府部门成立良种研究推广机构，专门从事种子的研究和培育工作。1949 年前后小麦亩产100 斤左右，60 年代初引进和推广"鲁麦 1 号"，亩产上升到 300 斤左右。2010～2016 年，村民主要种济麦 20、21、22 号。玉米常用济单 18、20 号及先玉 335、隆平 206。

二、肥水管理

以前农田主要施用有机肥料，依靠猪羊粪。过去养猪的目的不是在出售生猪，而主要是靠它制作有机肥料。农谚"庄稼一枝花，全靠粪当家；种田不上粪，等于瞎胡混"，说明粪肥对农业的重要性。

另一种主要肥料是"沤肥"。夏天把麦秸和粪混合，放在田头事先挖好的灰坑内放水沤制，在播种前均匀撒到田里作为基肥。

20 世纪 70 年代后，化肥逐渐增多。80 年代末，随着尿素、碳氨等大量化肥投入市场，传统农家肥便逐步消失。90 年代后，化肥已经完全取代了农家肥。因为使用化肥，省事、效果好，干净卫生。但是由于过分依赖化学肥料，土壤出现板结现象。近几年政府号召秸秆回田。同时由于复合肥的出现，扭转了过去单一依靠碳氨、尿素等氮肥偏多的现象，这对粮食增产起到了促进作用。

三、灌溉

老凹张村的土地都是平原，过去水田的灌溉，大多是依靠天降雨，遇到天旱年头，庄稼几近绝产。新中国成立前，村民基本上是靠天吃饭，没有任何灌溉条件，广种薄收，农业生产水平相当低下。唯一能代表生产力的，就是为数不多的辘轳（汲水工具）。后来装备背水车，以畜力替代人力。新中国建立以后，老凹张村开始积极发展机器浇水。

20 世纪 50 年代，村庄打深井，变旱园为水浇田。1958 年，引黄工程竣工并开闸放水，村庄土地得到浇灌。

1963 年，老凹张大队建立了第一个电力灌溉机井。解决了部分田地的灌溉问题。1978 年，老凹张村又建村南、北、东、西等电机井，全村实现了排灌"半电气化"。灌溉沟渠也进行了大量改革。过去所筑的许多灌溉渠道，都是明垄沟，用土在土地旁边修筑垄沟，水流时常决口，不得不派几个人随时观察、堵漏，浪费人力、电力，水流不到田里就已浪费一半。距离水井远的地块要经过别人家地块，占用别人很宽的粮田，影响粮食产量，谁也不乐意。

21 世纪以来，村民用塑料水龙带浇地，水从机井抽出来直接到土地，节省了人力、物力，大大提高了劳动强度。目前全村水井几十眼，平均每 20 亩农田有机井一眼，形成便利的灌溉网络。村里还没有在田地里安装自动喷灌机设备，但是相信不久的将来，将使用自动喷灌机了，灌溉向自动化发展。

四、整田平地

过去，由于受小农经济的影响，加上兄弟之间的分家，经过多少代的分割，大块的土地都划成像豆腐块那么一小块，再加上老坟新墓星罗棋布，老凹张村的土地，高洼不平，零星不齐。零碎的田块耕作要浪费很多时间，蜘蛛网式的田埂要占据掉很多宝贵的良田。所以自从进入合作化时期，土地收归了集体以后，人们便着眼于整田平地工作。开始时是铲除荒坟荒墩，对耕地铲高填低和小田并大田，这既扩大了耕地面积，也改善了生产条件。

20 世纪 70 年代中期，为了适应农业机械化的需要，老凹张村大力开展农田基本建设工作。曾投入大量劳力对耕地铲高填低，挑土填塘。这次农田基本建设工程量很大，各个生产队的土地都按"格田成方"的要求，每块都在 1.5 亩以上，这样不但扩大了耕地面积，而且大大改善了耕作条件，为全村实现农业机械化打下了良好基础。

第四节　机具的变革

农业工具的使用、革新和发展，是衡量农业生产力发展水平高低的主要标准。以往生产工具比较落后，劳动力主要使用人力、畜力。农作物耕种、收获时使用铁木犁、铁木耙、木耧、砘子、锄、镰、石磙、杈、耙、扫帚、扬场木锨等；加工机具则有石磨、箩、棉花轧车、花弓、纺线车、织布机、人力榨油设备等，提水则用木水桶。各类生产工具粗、老、笨、重，劳动强度大，工作效率低，工作质量差。

20 世纪 50 年代至 70 年代，是生产工具改革缓慢发展阶段。改革开放后，全村的生产工具机械化程度有了较大的发展，各生产小队均配有柴油机与加工机具，全村有双轮双铧犁、步犁、耘锄、马拉播种机、木耧、胶皮大车、地排车、配套柴油机、水泵。千伏变电站投入运转后，村内始有电动机与磨面机、碾米机、粉碎机、抽水机还有东方红拖拉机等大马力机器。

90 年代中期，全村已基本结束了人力、畜力耕作，进入了机械化、电动化时代。胶轮地排车、拖拉机迅速发展，出现了棉花半机械化播种耧，小麦半机械化播种耧，半机械化播种面积占总面积的 80% 。农产品加工也全部实现了机械化、半机械化。

1992 年使用小麦收割机、脱粒机、扬场机，加快了小麦收割、打轧速度。1995 年机械化小麦收、脱、扬已占总面积的 80% 。

2003 年，机耕、机收面积已达总面积的 90% 。只有个别小块地使用小型机具。从农田耕种、灌溉到管理、收获，实现了机械化、电动化。

一、播种机具

传统工具是双腿木耧，多用于小麦、谷子、大豆等农作物的播种，畜力或人力牵引。1949 年后，提倡小麦密植，使用三腿耧，以提高土地利用率。实行农业生产责任制至 1990 年，小麦多采用三行播种耧，玉米、花生在麦田间串播，人工或用简单串播器。20 世纪五六十年代开始使用播种机，八九十年代发展成机械牵引的机引犁、小型播种机。目前，老凹张村拥有 8 台播种机。

二、耕作机具

木犁是旧时长期使用的耕地工具，以牛、马、驴、骡拉犁为主，无牲畜的也用人拉犁。1954 年，7 寸步犁传入，深受群众欢迎，是当时较为先进的农具。60 年代，引进、使用双轮双铧犁，加深了耕作层；开始使用畜力牵引的畜引犁。

70 年代，集体生产，大队购买了拖拉机，开始实施机械化耕作，生产队有专门的拖拉机手。后随着拖拉机的不断增加，机耕面积逐年扩大。1982 年，大队实行经济体制改革，集体所有的拖拉机承包给个人，村内一度恢复原始的畜力耕作，饲喂牲口和分到耕犁的农户自由结合。

1984 年以后，村内拖拉机手自备双铧犁，开始有偿耕作服务。为鼓励个体农机参与农业生产和鼓励群众购买农机用于生产服务，镇农机部门下拨部分低价柴油分配到农机户。1993 年，畜力耕作彻底淘汰，村内农田全部实行机械耕作。1995 年村内逐步引入旋耕犁（旋转耕作机）耕作，省时省力、干湿皆宜，发展迅速。

三、中耕工具

钉耙　多铁制，用于荡平碎土，常用于大田平整和麦畦划锄，有四齿、八齿的，现已不多用。

铁锄　中耕主要工具。用于铲草灭荒，松土保墒，适用于小麦、玉米、高粱、谷子、地瓜等多种作物的中耕。1949 年后，小麦实行畦田化，行距窄，铁锄逐渐被替代。

耘锄　较为先进的中耕除草工具。1949 年前为木制双架，铁制，畜力牵引。新中国成立初期改为木制单架。人民公社化后，推广铁架耘锄。随着灭草剂的广泛应用，中耕机具很少使用。

四、灌溉机具

辘轳是村内历史上最主要的灌溉提水工具。由井桩、辘轳杆、辘轳筒、辘轳头和杈木组成。1952 年，引入解放式水车，后广泛使用。1965 年大队购置柴油机，配备水泵，开始使用机械抽水灌溉。

1970 年，电力逐步将柴油机更换为电动机，进一步改善灌溉条件。1982 年以后，逐步使用潜水泵灌溉。2000～2016 年，逐步实现机电灌溉一体化。

五、植保机具

新中国成立前，村内无植保工具。1954 年，村内开始使用喷雾器，铁制圆柱形，手压充气、背负作业，气压低时放在地下充气，然后背负喷雾，再充再喷雾，继续作业。1958 年，引入喷粉器，用于"六六六""滴滴涕"等粉剂农药的喷施。1986 年以后，农户购买小型背负式喷雾器自用，1990 年，基本上家家必备。21 世纪，家家有电动喷雾器，越来越朝节省人力、物力方面发展。

六、收割、脱粒机具

镰刀，是历史上最主要的收割工具。小麦用镰刀收割铺在地上，晒、轧、扬场、归仓，都费时费力。

1980 年，开始有小型脱粒机。1983 年，出现四清机，配用电动机，流动作业，脱粒、清粮一次完成。2002 年后，由于普遍使用联合收割机收获，收割、脱粒、清粮一遍完成，大大加速了收获速度，走在了天公的前面。

2003 年，村民张宪印购置联合收割机，小麦收获年年大丰收。

按旧的传统方式秋收玉米、大豆等也要经过几道烦琐工序：掰穗、装袋、砍玉米秸、打捆、运回家、挖玉米根……2016 年秋，张德生购买玉米收割机，收割效果甚好，一天近百亩。收割机一趟过去，玉米穗直接出来，高科技耕作收割给人们带来的是高效和丰收的喜悦。

七、粮食加工机具

石臼，是旧时粮食加工的主要工具。将粮食放入石凹中，用石头或木头将粮食砸碎取粉制作食品。后发展为石磨、石碾，以人力或畜力磨面制粉。

20 世纪 60 年代，柴油机和粉碎机结合磨面。70 年代粉碎机配以电动机，称为"钢磨"。1980 年，随着大磨的建成，麦麸和面粉分离提高了面粉质量，绪官、绪林负责磨面。1985 年，全麸面粉基本淘汰。

2008 年，张永杰在邻村道士路建金裕面粉厂，粮食加工更先进和规模化。

八、联合收割机

随着机械化水平的提高，一些农业作业环节逐渐由机械取代手工劳动。虽然联合收割机在 20 世纪 90 年代就已在各地使用，但老凹张村村民则很少使用，他们认为收费太贵，不划算。只是 2005 年村民大量外出后，农户收入大增，使用联合收割机收麦成为普遍现象。但是，联合收割机购置费用较高，而使用期限又很短，仅限于麦收时使用。如果只在本地使用很不经济，这样就出现了小麦联合收割机的跨区作业现象。

莘县联合收割机拥有量很多，绝大多数都用于跨区作业。每到麦收季节，在莘县通往全国各地的公路上，经常能看到浩浩荡荡的农机队伍北上南下。

最初，老凹张村没有联合收割机，麦收时都是由某些村民到公路上拦截南下或北上的机子，或找亲戚家有联合收割机的帮忙。

2007 年，村民张宪印购置小麦联合收割机，为本村收割提供了便利。

跨区作业的收益比较可观，一个季节下来一般能赚几万元，历时一两个月，不耽误干其他活。一般是在自己村庄作业，兼顾附近村庄。方便乡邻，自己也收入颇丰。

第七章　家庭副业的发展

老凹张村以农业为主。正如麻雀虽小，五脏俱全，村庄虽小，也有各行各业的发展。从事家庭副业的包括养殖户、建筑工程队、运输个体户、砖窑厂、粮食加工厂等。此外还有手工业副业包括粉条加工、轧棉花、弹棉花、条编、麦秸秆掐辫子、捉金蝉，以及近年来兴起的打工行业。

第一节　养殖业

莘县是优良品种青山羊的产地，也是鲁西南黄牛的产地之一。这两种家畜在老凹张的饲养都有较长的历史。村民还有养猪、养鸡的习惯。以前老凹张村家家都有粪坑，人畜粪便是种植业肥料的主要来源。但由于近年外出务工人员的增多，养殖业结构也发生了变化。

新中国成立前，一般农户养有猪、羊、鸡、鸭、鹅等，富裕之家用以宰杀食用，贫苦农民则要卖钱换物以养家糊口。养几头大牲畜也是身份地位的象征，有时一头牛的聘礼就能娶来媳妇。

农田耕作时，有牲口的农户自然耕作便利，省工省事，无牲口的农户常请人帮助耕作，然后将每年的花生秧、地瓜秧等送给有牲口的农户作为饲料草，以示酬谢，后渐成惯例。

新中国成立后，村内畜牧业发展较快，畜禽存栏量明显提高。1953年10月，为加快畜牧业发展，政府向农户发放信用货款，扶持农户购买牲畜、家禽，村内出现了"家家养鸡、户户喂猪"的大好局面。1983年，农村经济体制由大集体转向联产承包，牲畜同其他集体工具一样，以抓阄方式，折价分配到户，分散饲喂。但随着农业机械化的发展，畜力耕作逐步被替代，村内大牲畜的存养量大大减少。与此同时，以猪、鸡、羊为主体的家庭养殖和规模养殖发展迅速。

改革开放以后，在政府的提倡和支持下，老凹张村的养兔、养禽等行业曾一度发达，但后来由于受国内外形势变化的影响，外销受阻，影响了多种经营的正常发展。

一、养牛

莘县是鲁西南黄牛的重要产地。鲁西南黄牛以体大、健壮闻名，是役、肉两用牛。在缺乏农用机械的年代，牛是重要的牵引动力，人赶着牛犁地，是中年以上的老凹张村民脑海中挥之不去的农耕图景。农户饲养的大牲畜一般以耕牛为主，都依靠它来耕地、拉磨，做笨重的活。购买耕牛大都是依靠牛贩子、牛经纪人，各村都有牲口经纪人，各集镇都有固定的交易场所，自己淘汰的耕牛可上集市交易，成为集镇的一大支柱产业。现代农机具的使用替代了役牛，牛被人们作为肉用牛来饲养。

1955 年下半年，高级农业合作社成立，大牲畜的家庭饲养改为集体饲养，村内牲畜折价归公，由集体统一饲养，以生产小队为单位设立饲养场（又称牲口栏）。1956 年冬季，由于饲草严重不足，部分生产队的饲养场无法维系，被迫将存栏牲畜低价出售。因牲畜膘情差，加之季节因素，牛的售价仅为 20 ~ 30 元/头，其他价格更低，牲畜存养量大幅减少。

自建立人民公社以后，耕牛全部折价归社集体使用，个人不再饲养大牲畜。随着机电灌溉的发展和拖拉机的广泛使用，耕牛的使用价值逐渐降低，一般作为肉牛来饲养。红薯秧、麦秸、玉米秸等都可以作为牛的饲料。鲁西南黄牛肉质好，牛肉、肉皮深受国内外消费者喜爱，因此，黄牛在老凹张村的饲养量也曾很多。据镇政府办 2006 年对老凹张村 5 组 15 户的统计，每年饲养量都在十余头，几乎家家养一两头，母牛每年下牛犊，牛犊长大后卖钱够交孩子学费。近年来，由于人们外出务工增多，收入来源多样化，农户养牛已不多见。

二、养马、驴、骡

农民养大牲畜是为了干农活出力。养马不如养牛多，大概马不如牛能出力且不驯服。战争期间常被征走。间或个别爱好者养小马驹，稍长成便卖掉。也有农户养驴、骡，但为数不多。

三、养猪

养猪是老凹张村历史悠久的传统家庭副业，一般都以饲养肉猪为主，个别人家饲养母猪。农户养猪不但为市场提供鲜肉而且增加家庭收入，更主要的是依靠养猪提供大量优质有机肥料。一般农户，每年总得饲养二三头肥猪，有些经济条件较好的人家到年底还自己屠宰食用，称为"年猪"。

1950 年土地改革以后，政府大力提倡养猪积肥，并发放养猪贷款、安排猪舍建筑材料等优惠政策，鼓励农民发展养猪业。

人民公社化后，政府又大力提倡集体养猪。公社建立了种猪场，提供改良种猪。各大队和生产队也都办起了集体养猪场。社员饲养的肥猪全部折价归社，改由集体饲养。传统各家各户养猪业便由分散变成了集体。但是由于集体饲养管理不善，加上粮食歉收，1960 年养猪业跌进低谷。

1961 年中央公布实行《农业六十条》，大队将大牲畜所有权下放到生产小队，并规定谁使役谁喂养，实行"养用合一"的所有制。公养与私养并举，扭转了面临垮台的养猪业。全公社的圈存量直线上升，年末超过了600 头。1963 年生产队制定奖励措施，每口猪分给饲养者饲料地和工分，激发了社员养猪积极性，纷纷买猪仔、建猪圈。1966 年，大队落实"积极发展集体养猪、社员养猪"的方针，实行以养猪为中心的单一饲养。

1974 年，政府对养猪实行了各种奖励政策，如：出售肉猪 1 头奖励布票 1 丈；有猪分给饲料田；肥料归队给报酬等，再次激发了社员养猪的积极性。但由于肉猪的收购价格较低，毛猪始终维持在每百斤 45 元左右，15 年基本没有变动，这在一定程度上影响了农户的养猪热情。另外，由于政府对农户的养猪实施了派购任务，即使养猪获利微薄，但农户为了完成派购任务，也只能勉强饲养。因派购任务的指标是头数，社员不等肥猪长成熟，在养到近百斤左右便提前出圈。

1978 年后，集体养猪逐步转为户养，明确养猪户有销售、屠宰自主权。

1984 年，国家取消肉猪派购任务，肉猪收购价格也大幅度提高，每百斤由 45 元增至 80 元左右，农民得到了实惠，这一措施大大促进了养猪业的迅猛发展。当年全公社肉猪上市猛增，比 1960 年增加 18 倍，创当地养猪史上的最高纪录。而出售肉猪的个头一般都在150斤左右。市场上不再出现幼猪肉，大大改善了猪肉的品质。随着当地人民消费水平的提高，对猪肉的需求越来越大，近年来大张镇屠宰户和农贸市场上的肉摊竟多达十个。每天出售肉猪的数量，比以往年销量还多。但是养猪不卫生，家里空气、环境很脏乱，邻居也反感。而其粪肥不但没有用处且造成污染。随着村民生活条件的提高，现在家庭养猪已经非常少。

近年来，由于大型养猪场的出现，加上猪价起伏不定，农村的养猪高潮已不再出现，老凹张村近年来母猪饲养量不足，加上农田普遍使用化肥，减少了养猪的积极性。现在市场供应的猪源主要依靠外地进口和大规模的养殖场供应，本地农户提供的货源比重已大幅度下降。

2000年，村民张十义在远离村庄住户的村北自家土地上建养猪场，共40间，占地5亩。现在在村东、村西分别建立了一个半自动化的新型养猪场，养品种瘦肉猪三元大白，不污染空气，一头母猪年产十多个猪仔，半年长成，每年卖200多头猪，能赚十多万元。近两年市场行情不太好，每年出售100头左右。

四、养羊

青山羊是莘县的特产。因其具有"四青一黑"（毛、蹄、角、嘴青色，前膝黑色）的特点，故名青山羊。青山羊皮柔韧，毛细密，颜色协调而有光泽，所产猾皮、板皮深受外商欢迎，为莘县传统的出口物资。青山羊的小肠可以制作羊肠线，是医用缝合线、球拍弦的主要原料，在中外市场均有需求。青山羊肉质好，味鲜美，宜作汤菜，是做羊肉汤的最佳原料。

老凹张村草资源丰富，村民素有养羊的习惯。品种以山羊居多，既供食用又能积肥料，饲养方法简单，抗病性强，经济价值颇高。一般农户每年养羊3~6只。

养羊曾是老凹张村民的重要收入来源，全村最多时能达数千只。红薯秧是羊的美食。老凹张村大量的红薯种植为养羊提供了源源不断的饲料，即使有劳动力外出，只要家里有人，都要养几只。

因羊肉膻味较大，晚秋以后才能食用，故山羊大部分在入冬以后才出售供应市场。

抗战时期，有农户饲养绵羊，绵羊以剪毛为主。当时大部分农户将羊毛捻成毛线，编织毛衣。新中国成立后政府大力提倡养殖绵羊，国家收购羊毛为毛纺厂提供原料。在20世纪80年代养羊业逐渐淘汰。90年代养羊业又逐步回升。但以山羊为主，绵羊几近绝迹。

现在一般家有老人，闲着无事，就养羊。养羊家庭一般都是养一只母羊，带一两只小羊。农户散养羊数量的下降并不代表莘县养羊数量的下降。在一些村庄已出现集体养羊的趋势，但老凹张村还没有出现羊只的规模化饲养。

五、养家禽

老凹张村农户历来有养家禽的习惯，一般以鸡、鸭为主，养鹅较少，以产蛋为主。农业合作化以后，没有了养禽专业户，养禽成为真正的家庭副业。过去由于农民经济困难，鸡鸭下的蛋自己食用的很少，大部分出售后作为购买油盐酱醋的零用钱。所以农村妇女一向把老母鸡看成家庭的"摇钱树"，即使在最困难的年代，人们缺粮断炊，也舍不得宰杀。"文化大革命"时期，社员饲养家禽也被列为"资本主义尾巴"遭批判，以致家禽和蛋的生产大幅度下降。但是人们还是暗中偷养，家禽未遭灭顶之灾。

改革开放以后，通过农村经济体制改革，家家户户捡起了这个传统副业，养禽量迅速增长，并出现了养鸡专业户。

20世纪90年代以后，家家户户养禽，今天人们养鸡不像过去养"摇钱树"图几个禽蛋钱，而是为了自己食用，因为担心购买的鸡蛋和肉鸡因饲料喂养营养成分不够。

村民规模化养鸡有10户，鸡场是在2007年建成的。据养殖户介绍，鸡场共投资8万多元置办厂房、设备、鸡苗等。一批鸡2000只，能养一年半左右。养四个月开始下蛋，再养一年多就淘汰买新鸡苗。养蛋鸡要适时授精，周期长、见利慢，但风险较小；养肉鸡周期短、见利快，但风险较大，容易染病。鸡场防疫都是自己做，定期消毒，自己到畜牧局领药、自己注射。饲料也是由自己采购原料，自己配制。鸡苗的购买和鸡蛋的销售都得个人联系。

2016年，全村有鸡棚50个，年产肉鸡2万只以上。有的养殖蛋鸡，产种蛋和商品蛋。

六、养兔

少数农户饲养家兔，以菜兔为主，供食用。一般都家庭圈养，饲料以野草和蔬菜为主。

第二节　手工业

一、粉条加工

粉条加工是老凹张村一些家庭的一项重要收入来源。红薯收获后，一般做如下处理：（1）鲜储。老凹张村村民几乎每家都有地窖子（红薯窖）。红薯是老凹张村村民在冬季的重要食物原料。（2）切片晒干。红薯干曾是困难时期老凹张村村民的主食，但目前它已成为村民们茶余饭后的一种零食。（3）加工粉条。这是红薯增值的主要方式。

粉条的加工过程是：先将鲜红薯洗净，粉碎，放入大箩内，加三次水，使红薯粉沉淀，这一过程称为"过大箩"。经过一夜，再将沉淀的红薯粉放入网口稍细的箩内，进行搅拌、沉淀，形成淀粉，这一过程称为"过二箩"。将淀粉与水搅匀，通过带有孔的器皿流到沸腾的水中，形成粉条，这一过程称为"下粉条"。湿粉条晒干后便可储存起来。

村里派绪林专门负责粉条加工，曾是每家每户的副业项目。自家用红薯做的粉条质量上乘，是加添加剂做的粉条无法比拟的。但是近年来，由于人们收入不断增加，粉条因加工繁杂，农户已经停止生产。若自家消费，可以随时购买。目前在老凹张村，每斤红薯粉条卖5~6元。

二、轧棉花、弹棉花

轧棉花、弹棉花曾在老凹张村较为盛行。在棉花大量种植时期，老凹张村的轧棉机和弹花机较多，是棉花加工增值的一种方式。村里派存富和长军负责全村的弹棉花、轧棉花。但是，随着棉花种植的减少，从事棉花加工的人也纷纷转行。

三、条编

玉米皮在农村是没用的废物，常被用来烧锅、沤粪。1963 年，大队利用当地资源搞条编制品，成立条编队，编果筐、抬筐、篓等，除满足自用外，还对外出售。

玉米皮编织品是用玉米穗的表皮为原料编织加工成绿色手工制品。玉米皮色泽白净，质地柔软，充满韧性，便于加工。编出的工艺品美观、绿色健康，既有创意独特的装饰性，又有环保实用性。玉米皮可编出时尚小包、装饰物件等生活用品，每公斤能赚几块钱。

1980 年，村委聘请编织技术员驻村教村民用玉米皮编织汽车坐垫、椅子坐垫等各种坐垫技术。80 年代条编曾是家庭妇女一项不错的副业。

21 世纪以来，此项技术基本消失，偶尔有做的也是自用，不用来交换，没形成规模，原因如下。第一，市场需求量小，没有销售渠道。第二，现在有条件的中青年女性有的外出打工，没时间在家里做这些散碎事。新兴乡镇企业带来行业多样化，从事其他行业收入更多，比如去油田附近的村庄机器织编织袋，做电子小元件、小喇叭等，干净省事。第三，现在收割玉米用联合收割机，一遍过去，只剩下玉米穗，玉米秸秆、玉米皮全粉碎在地里做肥料，若留下玉米皮就要手工收割，手工掰玉米穗，费时费力，现在村民多在大城市打工，请假几天秋收，着急回去上班，讲究实效，越快越好。

条编这项技术有很大开发利用潜力，原材料几乎免费就地取材，不需要技术成本，农村又有很多中老年女性闲散劳动力，只要找好销售渠道，依托优势资源、找准市场定位，利用新工艺，很容易成为村民致富的副业，推动文化产业的跨越发展。

四、麦秸秆掐辫子

村内引入用麦秸秆掐辫子的家庭副业项目有 100 多年了，成为很长一个时期家庭经济的主要来源。这里的妇女非常勤快，一会儿也不闲着，妇女熟悉得都能闭着眼睛掐，类似于织毛衣，除了做饭干活，随时拿着掐。辫子是方圆几十里女性农闲时长期从事的手工劳动收入方式。

辫子即草帽的原料。有几道工序：在小麦播种时就少播种一些特殊麦种，这种麦子麦穗小，产粮食少，梃子（麦穗下的秸秆）白、细、长，当地称笨麦。收获时单独放，麦粒脱出后，爽❶出一捆捆（直径相当于一棵粗树）秸秆，然后按粗细不同分拣出来，水浸泡几分钟，用布包上，左腋窝夹着，晚上、农闲时几个妇女坐在一起，边聊天边掐辫子，一天掐几逛，一逛是十拖（一拖是人伸开双臂那么长，再对折过来如此对折十次就是一逛了）。第二天早上，街上有来买辫子的就可卖掉换钱花，分梃子的粗细、掐出来的手工好坏给钱，20世纪70年代一毛多钱一逛，现在可能两三块钱了吧。手勤女性以往一天能挣几毛钱、几块钱，现在一天能挣几十元，每个女性算是小型辫子加工厂了，生活穷困时这是一家人不薄的收入，足够买盐、买菜和给孩子买笔、本的。

收购辫子者骑自行车走村串户吆喝着收购，车上辫子满得挂不了就送去中转站辫庄。辫庄打包送去更大的厂家做草帽原料。我们戴的草帽就是这样做出来的，女性的草帽款式多样漂亮，草帽是田间劳作最好的遮阳工具。

五、十字绣

十字绣起源于中国，传统婚嫁时女方会给男方送上自己一针一线纳出的鞋垫，这种鞋垫的工艺就是十字绣，只是现在会的人越来越少，传统的习俗慢慢地都失传了。

十字绣，即用专用的绣线和十字格布，利用经纬交织的搭十字的方法，对照专用的图案进行刺绣。十字绣绣法简单，外观高贵华丽、精致典雅、别具风格。

十字绣的基本材料是纯绵的绣线、特殊工艺制作的网格面料及设计图稿。各种颜色的刺绣线都被人们编上了号码，每幅图案都被设计师作了特殊处理，每张设计图稿都是按照线号来制作的，按照设计图稿的位置选用适当的线进行刺绣。由于它易学易懂，所以流行很快，受到不同年龄人的喜爱。这种工艺传到欧洲，很快在宫廷中风行，成为皇室贵族休闲娱乐的首选，后来逐渐传入民间。由于各国文化的不尽相同，随着时间的推移，

---

❶　当地人都说"爽"，不知哪个字，意指用叉子把乱的小麦秸秆打成整齐的捆。

十字绣在各国的发展也都形成了各自不同的风格，无论是绣线、面料的颜色还是材质、图案，都别具匠心。

十字绣后来再次引进到中国，在这个传统的刺绣大国，更加深受喜爱。

21世纪，全国各地的小商品市场都有不少十字绣材料销售或收购成品店，浙江义乌小商品市场是全国十字绣产品的批发点。

2016年，淘宝、京东购物网上有不少十字绣网店。村民中青年女性做十字绣的很多，绣完有的自用，多数成品交给十字绣商店代卖或卖给商店。中老年女性或因眼睛昏花，或因手头事多做不了这么精细的活，闲暇时间多从事不要求精细和卫生的掐辫子。

六、捉金蝉

捉金蝉也是村民的一项副业。金蝉，即知了的幼虫，当地称"堵料龟儿"，可以做药材，也可以作为一种野味食用。每到7月金蝉大量出土的时候，就有专人来老凹张村收购金蝉。在这段时间，每当夜幕降临，村民们拿着手电筒，在一棵棵杨树下仔细搜寻，捕捉金蝉。当晚，村民们将捉到的活金蝉交给收购者。一般收购价为一元钱两个到五个，村民有时一晚能挣几十元，一个月几百至一两千元，赶上小商业了，且是无本的买卖。蝉一般天黑从地里拱，地面上薄薄的孔越来越大，用手指伸进孔里，蝉便会顺着手指爬出来。一般黎明时分就自行脱壳变成带翅膀会飞的知了，在树上起劲得叫。买蝉人乘天黑收购，第二天一亮拿到集市上卖高价，现在金蝉成为城里一道纯天然、无污染的贵菜。

第三节　其他副业

一、建筑工程队

过去农村的木匠和泥水匠，都是农民兼职。农时务农，闲时务工，拜师学艺代代相传。新中国成立前由于农村经济落后，除财主家盖新房，平民家很少盖房，泥瓦匠、木匠多数是修修补补，受雇机会不多，匠人人数较少，老凹张村"五匠"（木匠、工匠、泥瓦匠、铁匠、成衣匠）超不过10人。

1949年后，村里的泥瓦匠土改时照样参加分田。1956年农业合作化以后也参加了合作社。1962年开始，公社成立了建筑站，专为雇工和匠人之间牵线搭桥，签订合同，从中抽取管理费10%，散落在民间的匠人有了组织。

"文化大革命"时期，农村"五匠"被当作走资本主义道路的典型，在政治上、经济上受到打压和限制，匠人只能偷偷地出去干活，最多能在雇主家吃顿好饭。拜师学艺须经大队审批，私自收徒也得挨批受斗。"文革"时期没人敢盖房，建筑行业遭到冷落。

从1981年开始，改革开放使农村的经济形势有了好转。随着乡镇工业的迅速发展，需要建造厂房办公楼，建筑行业便有了起色。加上个体户的增加，掀起了盖新房热，被冷落的"五匠"成了吃香客。建筑工程的结算方式也由过去的日工付资，发展到按天、晌、包屋、计件、包工、包料等办法。"包工头"成了一时的红人，过去学徒须三年才能满师，未满师前的学徒工，其劳动收入归师父所得，一个师父带七八个徒弟很普遍。建筑业利润高，一些技术较高、脑瓜灵活的人拉帮结伙，成立建筑队，专门向外地承揽大的建筑工程。村里大小工头有10多个，其中规模较大的有张绪生等。

20世纪80年代大兴土木，匠人紧缺，他们的工资上涨很多。劳动时间因计算工资的方法不同而有所不同。例如按点工计算的，则按时上下工，一般工作时间在8小时左右；按包工计算的，则起早贪黑，工作时间起码超过12个小时。拜师学艺，过去要满师后才能挣到整工资。但是随着形势的变化，学艺时间也在逐步缩短，工程项目多，有些徒工不等两年期满便自己跳槽。

90年代后期，由于受宏观控制的影响，建筑市场没有前几年兴旺，加上国家对建筑行业财政上的监控较紧，利润大不如过去，不少匠人被迫转业。近年来政府实行房贷政策以后，房地产开发行业又红火起来。木匠、瓦匠帮雇主干活，菜肴、工资上都从优对待，工资略高于一般雇工，较普通工人工资高出近一倍。私人要创办正式的建筑队，必须在工商部门登记注册建筑企业，除了资金、设备外，还要有资格证明，非常麻烦。"有活就干，没活就散"的模式自由，成本低。

2016 年，村里建筑队没在国家注册，但是约定俗成的，村里谁家盖房，给负责人张群说一下，各家按顺序等待，六七个男劳力出活很快，一天能盖起一栋房的框架。比较有意义的是村民留军夫妻两人搭档搞建筑，一年能盖几栋房，留军为主，妻子打下手，以简易房、敞篷为多，正式的盖房要有搅拌机。

二、运输个体户

1949 年前，老凹张村没有专门从事运输业的。村民买卖物品，一般去距离三五里路的大张镇、观城镇。出行以往靠步行，对运输业几乎没有需求，在 1956 年合作化以前，没有个体运输业户。1957 年以后，随着单一的集体经济的形成，运输为高级社（后来为大队）所负责。改革开放前，村里拖拉机都是为生产队自用，并不对外经营运输业。1983 年实行包产到户时，大部分都作价分给社员，于是就有了一些兼业的运输户。

1978 年，为了提高运输能力，动用全村劳力修路。老凹张村运输业的兴起始于 20 世纪 80 年代，村里有拖拉机运输土、木头、灰料、砖等建筑材料，村民挣些运输费。

1983 年，中共中央印发的《当前农村经济政策的若干问题》（又称 1 号文件）首次提出：农民个人或联户购置农副产品加工机具、小型拖拉机，从事生产和运输，应当允许；大中型拖拉机和汽车，在现阶段原则上也不必禁止私人购置。分田到户，农民在取得了生产决策自由的同时，又获得了择业的自由。此时，村内因盖房对土砖、灰料的需求使得个人从事运输业利润丰厚。村里产生了 10 多个运输专业户。运输业为个体性质，劳动时间自由支配，基本上都属于兼业性质，一般家庭的男劳力从事运输业，女劳力则在家种田，运输业收入的多少取决于工作量的多少。

20 世纪 90 年代后期，农用"三马车"大量出现，牌子有时风、双力、五征等。

2016 年，个体运输多方面发展，前街张立新跑长途客运；张重杰搞婚车租赁；后街张立雷购买大货车，每天在莘县收购蔬菜水果等农产品，送往北京新发地市场；张立国在濮阳油田拉油罐车，往附近城市送汽油、天然气；张绪乾在北京跑商务车，全国各地接送影视、体育明星拍片、拍广告，有时与电影公司签订合同，来回接送电影演员，见过不少体育、影视明星。

三、砖窑厂

老凹张窑厂创建于 1974 年，是河东片老凹张、孙庄、道士路三村组织的联合体，是生产红砖的土窑。当时的砖坯和瓦坯都是用手工操作，燃料采用麦秸秆等，后来采用燃煤，但成本偏高，年平均产出 12 窑砖瓦。1978年，窑厂收归大队所有。1980 年，购置 3 台制砖机，开始用机械制坯。到1985 年，产量高、成本低的小围窑和轮窑兴起，老窑生产缺乏竞争力，加上燃料价格一涨再涨，因此砖窑生产被迫停止。砖窑虽停，但制砖机仍继续生产。

1984 年始因泥源枯竭，制砖机移至旱田内生产，由于土地资源有限，2014 年窑厂最终倒闭，烟囱拆掉，周围变为土地。

四、粮食加工厂

过去小麦、玉米用石碾轧，既费力，产量又少。后来发明了磨面机就方便多了。把轧面机用柴油机牵引，产量快、质量好。20 世纪 60 年代，老凹张村在大张家镇最早安装磨面机，是大甩轮磨面机，由绪林、绪官负责，方圆百姓都去磨面。

1990 年，张绪朋承包大张家镇西韩庙村面粉厂。

2008 年，张永杰在大张家镇西北角开发房地产，建金裕家园小区，建一体金裕面粉厂、粮食收购厂，为当地百姓收购、加工粮食，并出售粮食和粮食加工产品。

五、打工行业

打工在老凹张村较为普遍。据对老凹张村的调查，共有三种打工形式。第一种为长期外出打工，即半年以上的外出务工行为；第二种为季节性打工，即在一年中某一固定时节的打工活动；第三种为临时性打工，也称打零工，属于一种非规律性、偶发性的打工行为。

　　典型的季节性打工活动是每年秋季到新疆摘棉花。由于老凹张村有较长的棉花栽培历史，许多妇女练就一手摘棉花的技能，几年前，当地有关部门组织人力去新疆建设兵团摘棉花时，便吸引了老凹张村的一些妇女前往。去新疆摘棉花，尽管为时只有两三个月（除去路途和因气候因素的停工，实际摘棉时间也就一个月左右），但收入不菲，对于老凹张村村民家庭收入无疑是一个很好的补充。

　　打零工在各产业都存在。一般男性倾向于在非农产业打工，女性在农业领域打工多。妇女打工尽管收入不是很多，但对于打工者来说，可以与姐妹们在一起说笑聊天，打发闲暇时间，两全其美。

第八章 商贸、金融的发展

农村商贸包括农产品贸易、实物交换与赊购赊销，购物模式有百货商店、小超市、流动商贩。金钱管理有村庄信用社服务点，可以做借贷和保险业务。

第一节 农村商贸活动

一、农产品贸易

新中国成立初期，国家通过土地改革发展生产力，动员农民组织起来，发展生产，恢复经济，农产品基本实行自由购销政策。随着大规模经济建设的开展，农产品供需矛盾加剧，国家开始实行新的经济体制和政策，从1953年起，国家陆续对粮油、棉花等农产品实行统购派购政策。家庭联产承包制实施后，随着农产品供需矛盾的缓解，国家不断调整农产品流通体制，由统购派购政策改为合同订购和完成订购后放开的"双轨制"体制，直至最后取消，对所有农产品流通实行市场调节。

老凹张村的农产品贸易也经历了自由购销、统购派购、"双轨制"到目前完全由市场调节这样一个过程。目前，国家虽然也在农村设置很多粮食收购点，县、镇都有不同种类的专业批发市场，分散各处的集市贸易也很多，但是老凹张村农民的粮食绝大部分还是通过商贩销售出去的，尽管价格比国家收购略低，但是商贩都是上门收购，服务很到位，节省了农民的运输成本，而且省时省力。如果从全村规模看，每家每户的产品累加起来也是一个不小的数字。例如，老凹张村每年粮食产量两千多吨，如果能够统一组织运销，也会取得不错的收益。但是，目前村庄还缺少这类组织。每家每户还是单独经营，所以难以获得规模效益。

二、实物交换与赊购赊销

实物交换　在老凹张村很盛行，一般是用麦子或玉米换粮食和其他物品。多年来，老凹张村这种实物交换方式没有多大变化。据 2009 年对一户四口之家的统计，本年度该农户共生产小麦 2850 斤，销售 2050 斤，实物交换 800 斤（换面 750 斤，换水果等 50 斤），实物交换比例或自用率仍高达 28%。除了用小麦和玉米交换实物外，老凹张村村民还习惯用大豆换豆腐。

赊购赊销　老凹张村村民的赊购赊销行为很普遍，涉及的商品多为农业生产资料，如农药、化肥等。一般在购买时记账，在秋后还上赊欠款。店主与赊销户都是本村村民，也只有在相互信任的熟人社会才能发生这种赊购赊销的方式。

三、其他商业活动

老凹张村前街商业街　在 20 世纪，老凹张村是一个典型的农业聚居区，村落内除一两家售卖油盐酱醋等生活必需品的小卖铺外，几乎没有什么商业网点，农民生活十分不便，日常用品只有到邻近集市去购买。

经过几年的发展，老凹张村前街已发展成本村的商业街。目前有超市、家电、农用生产资料、畜禽用药、理发、车辆修理等门店，农户所用物品，从日常消费到生产用品，应有尽有。

但是竞争很激烈。一些门店经营内容相类似，经营种子的有两家，小卖部有四五家，而农户的需求有限。来购物和接受服务的主要是本村村民，消费能力还不是很高。商业街大多数时间都很冷清，除了超市能保持一定的客流外，其他专业门店顾客很少，有的全天都没有一个顾客。刚到傍晚，门店就纷纷关门，夜幕降临之时，商业街沉浸在黑夜之中，丝毫没有城镇里灯火通明的商业气息。

当地称每日或隔一日开放的集市为"集"，去集市被称为"赶集"或"赶会"。赶会是老凹张村很喜庆的日子。集市整个上午人声鼎沸，摩肩接踵，公路两侧摆满各式各样的商品，既有蔬菜水果、杂粮饲料、畜肉禽蛋，也有服装鞋帽、床上用品、电动车、家具等。还有一些公司借此做广告宣传，打出巨幅标语，散发印刷品，展示自己的产品。这一天也是老人和孩子们的喜日，赶集的人买来喜爱的物品，全家的膳食都会有明显的改善。现在人们手里有钱了，也舍得花了。尤其是那些家里有外出打工的，很敢花钱。

流动商贩　来老凹张村销售各种商品的商贩为数不少，他们一般是推着车或骑着三轮车走街串巷，沿途叫卖。所卖商品种类很多，经常售卖的是馒头、油条、豆腐等。农家每天早晨都听到"面托（油条）"的叫卖声，流动商贩方便了村民。

第二节　信贷　保险

一、信贷

旧时，村内融资为村民邻里间进行小额拆借，以吊、文为单位。穷人都没有钱时，只有向有钱人借高利贷。富有之家开办钱庄，给急用钱款的村民借贷。借贷需有中间人担保，批字立约，用器物做抵押，期限1个月。一般"三分利""四分利"或更高。期满，借款人需还本付息。逾期利息也做本金计息，俗称"驴打滚"。此外，还有"借粮""押房当地"。

民国时期，民间出现了一种互助性质的"会社"，即结社的农户自动拿出一定资金，社内有急用者按期借还，不计利息。

1950年，县政府贯彻"深入农村，帮助农民，解决困难，发展生产"的农贷方针，开始以现金和实物形式向村内发放贷款，扶持农民购买种子、耕畜及小型农田水利机具，帮助恢复生产。

1953年，农业互助合作运动全面发展，互助组进入初级农业合作社，农业贷款由扶持个体农民转向支持农业互助合作化。随着"农业生产合作社、农村供销合作社"的建立，作为金融组织的"农村信用合作社"随之成立。起初，动员社员存款作为启动资金，存款按月息计算，向急需钱款的社员借贷，付息按月计算，逾期未还者利息不计入本金。初期，生产力低，社员收入有限，存款额小，勉强能支付贷款所需。但随着生产发展需要，社员所需资金日益增多，信用社资金不能满足需要，国家便投资另辟了农业银行，向社员借贷，以支持社员发展农业生产的资金需要。

1955 年，银行和信用社业务分开，信用社广收社员，以扩大周转资金和存款，社员服从决议、缴纳股金和入社费、保护利益、爱护财产、动员存款等。村里 80% 的农户参股入社，成为信用社社员。1958 年，随着"大跃进"运动的开展，农业贷款支持全面跃进，村内贷款数大幅度提高。

1960~1962 年，银行和信用社派员进村，发送救灾款物，帮助社员渡过困难。1964 年，信贷部门根据"以农业为基础"发展国民经济的总方针，支持生产队增产增收，不断向村内进行贷款投入，以改善生产条件。1969 年，农村信用社下放到生产大队管理。

1976 年，管区成立信用社，大队重新建立信用站。

1983 年，乡信用合作社建立，村设立信用代办站。1985 年，县乡开展有奖储蓄业务。1986 年，史大庆任出纳员，被评为县明星信用代办站信贷员。

2001 年信贷体制改革，信用社支持"三农"经济发展，农户凭证可获取一定数额的信用贷款。2016 年，史大庆的儿子史乃刚为信贷员。

二、保险

1953 年，县保险公司来村，办理人和大牲畜保险业务。1954 年取消牲畜保险业务，1956 年重新恢复，1958 年再次取消，时断时续。

1982 年以后，农村保险业务重新办理，业务范围逐步拓展到家电财产、作物灾害、学生平安、养老等，在校中小学生投保率高，受益较大，常有猫狗咬伤、意外伤害等获赔医疗费用。张先宝校长为村里学生的保险做出了巨大贡献。村民长君的孩子麦收时被轧，保险公司给予了较多赔偿。

1990 年，村内独子户和两女户由计生部门、村委会、个体家庭共同出资办理了养老保险，一些交通运输户也参加了机动车辆保险。1995 年以后，随着保险业的商业化运作，太平洋、平安、人寿、泰康等公司的诸多保险业务发展进村，村内部分从事保险人员成为保险代理人，服务范围不断扩大。

2016 年，史乃刚是村里保险公司负责人，村民受伤、大病等享受保险赔付。

第九章　社会生活文化的变迁

老凹张村自古重视教育、崇尚儒学，拥有悠久良好的历史传统，有深厚的文风底蕴。村庄虽不是名人辈出，近年来人文兴盛、莘莘学子考学者很多。新中国成立后才有幼儿园、小学普及少年的教育，老师、校长爱校如家，爱生如子；成人、农民教育方面有夜校、识字班帮着农民脱盲；培养的国家人才有本科大学生和硕士、博士研究生。医疗卫生从得病无钱医治到今天预防保健。村庄民风淳朴，拥有崇尚礼节、勤俭持家、文明新风道德风尚。精神生活方面经历了看戏、文艺宣传队、电影、有线广播、收音机、黑白电视、彩电、电脑、网络。群众也有自己的娱乐方式：说唱、体育、歌谣，总之，在物质文化高速发展的今天，人民的精神文化也更加丰富。

第一节　文化教育

老凹张村的教育创造了教育史上新的辉煌。据初步统计，新中国成立后有大学生 200 余人，博士 1 人，硕士 1 人，教授、研究员 1 人，高级技术职务职称 4 人。

一、小学教育

过去只有富人受教育，广大劳动农民终年劳累，食不果腹，没有能力供子女读书，新中国成立前老凹张村村民中文盲很多。

老凹张村最开始在村民家里设小学校。1949 年后，我国的教育方针旨在"为工农服务，为生产建设服务"。在农会的大力支持下，小学开始兴旺起来。1952 年，建老凹张小学。村庄小学是初小，当时只有一个老师张维恕，三个年级，每年级一个班，每班 10 来个学生。1954 年形成完全小学，包括六个年级。老凹张小学位于村庄中心，前街中心街中间，方便村庄东南西北各个方位的孩子们上学，那时家长集体生产劳动，没时间顾及孩子，孩子们上学主要靠自己。

1958 年，相应党中央、国务院提出"教育为无产阶级政权服务，教育与生产劳动相结合"的办学方针。受"左倾"思想影响，学校土方炼钢、大办农场，课堂教育受影响。

1964 年，张维恕老师调观城初中，张先宝接任校长。1966 年，学习贯彻"五七"指示，强调"学生以学为主，兼学别样"，学校组织学生学工、学农、学军。同年，"文化大革命"开始，学生停课闹革命。

1971 年，根据上级要求，实行贫下中农管理学校。1972 年，全国掀起批林批孔高潮，校园再次受到冲击。1976 年，粉碎"四人帮"，全国上下欢欣鼓舞，教育走上正常轨道，学校步入正规。

1994 年 8 月，根据县政府关于辞退代课教师的指示精神，3 名代课教师被辞退。同年对民办教师进行考核、考试上报。12 月 20 日，县政府下发《民办教师转招为公办教师工资套改花名册》，小学具备条件的民办教师转为公办教师。1995 年 3 月 18 日，《中华人民共和国教育法》颁布，全校师生认真学习，广泛宣传，依法执教。4 月，镇教委贯彻《关于实现"两基"达标验收的意见》，提出校改方案。1996 年，学校根据上级精神，深入贯彻落实《义务教育法》。12 月 20 日，学校通过"两基"工作验收。

1997 年，教育领域逐步扩大，教育对象由成人、儿童向低幼群体延伸。村庄创办"育红班"，招收 3~6 岁幼儿入学，进行学前教育。经过考核，选拔薛相臣为幼儿教师。当时由于受条件限制，教学内容以幼儿看护和简单游戏为主，辅以汉语拼音和阿拉伯数字等教学。后来幼儿教学内容使用县教研室组织编写的《语言常识》《体育》《计算》《音乐》等系统教材。

历年来，在校长张先宝和张先锋及全体老师的精心耕耘下，老凹张小学教育质量在全镇名列前茅，学生在各项比赛中成绩优异。共获县级奖、镇级奖 10 次，为老凹张村培养有用人才打下了良好的基础。

1998 年，学校通过省"口语表达、写字、简笔画、教具制作与使用、小学教育活动"五项全能基本功训练验收。同年，按省统一部署，开展计算机应用能力培训。在职教师先后经过培训，达到初级考验合格，由山东省计算机应用能力考核办公室颁发合格证。

21世纪，由于家庭收入普遍增长、村民对下一代教育的重视等因素，越来越多的村民增加了对子女教育的投资，不少村民将孩子转到教育条件更好的大张家镇中心小学读书，花费几千元将孩子送到声誉高的学校——莘县翰林中学、莘县三中读初中，读莘县最好的高中：莘县一中和莘县实验高中。2003年，县教育局举办基础教育新课程师资培训，学校所有教师参加，并取得合格证。全校共有教师6人，其中小教高级教师1人，小教一级教师1人。计划生育、独生子女政策给人们带来切实好处，但是人口出生率降低，新生孩子越来越少，加上有的家长送孩子去镇中心小学或莘县县城上小学，外出工作或打工的家长让孩子去城市入学，几方面因素使得本村适龄入学孩子越来越少，以至于一个年级不到10个孩子，教师和教学资源浪费。这种情况并非一个村庄出现，大部分村庄都出现生源不足的状况。

2005年，大张家镇联校决定把附近几个村的小学合校，即以一个村庄为中心，周围四五个村庄的孩子都去这个学校上学，老凹张村的孩子去邻村邓庄小学上学。老师分流，年龄大的提前退休，不再新分配年轻老师，中年史大德等几位骨干教师去邓庄小学任教。就这样，办学几十年，培养人才无数，凝聚几代师生心血的学校关闭，不能不说是一大遗憾。家长不得不来回接送孩子，为本村教育辛勤付出的几位老师是多么的无奈！尤其是为村庄小学付出半生心血的张先宝校长和张先锋校长更是难以割舍！笔者童年在学校长大，看到校长、老师都在，唯有母校人去楼空，万分舍不得。

2016年，小学已不再招生，现在是老凹张村委办公室和村内各种活动办公室。笔者心中一直有一个梦想：等个人经济条件好时，自己出资或联合社会力量把启蒙小学校重办起来。

二、农民教育

新中国成立后，政府重视农民教育，由县教育局统一领导。20世纪50年代初，村里办起了速成识字班，在农闲时以夜校形式学习。学校老师张先宝为义务教员。识字班以突击识字为主，也学应用文和阅读报刊，参加学习者能达到读书、看报、写信的水平。

1962 年冬，村庄办农民业余学习班，校址设在小学。晚上辅导，主要学政治、识字、算术。连续四年办夜校，提高农民文化水平。

1979 年，聊城地委召开了农民教育工作会议，主要目的是培养一批农业生产技术员。经过几年的业余教育，青壮年基本扫除了文盲，并具备了一定的业务和科技知识。

经过 20 世纪八九十年代的教育普及，至 21 世纪，村民全部有小学毕业文化水平，初中毕业生占村民的 70%，扫盲、夜校等农民教育已失去它的价值。

2016 年，农民教育不断提高，为跟上时代发展，向科技兴农、科学种植、科学养殖前进，村委每年为村民订阅一些报刊，有《中国农村》《农学报》《蔬菜》《畜牧兽医》《化肥应用》等。村里开设阅览室，供阴雨天、农闲时节村民阅览。

第二节　医疗卫生

一、医疗卫生事业发展变迁

农村的医疗卫生事业，历史上一直是比较落后的。新中国成立前，老凹张村没有一个医生，大张家镇方圆十几里内也只有三四个比较有名的中医，老百姓都尊称为"郎中"。农民普遍贫困，温饱尚难自顾，没钱请医生治病，头疼脑热采用民间土方，挖点茅草根之类的草药，退退烧、清清火，或者是求神拜佛，拿点香灰之类的东西当仙方，结果往往延误时机，将能治的病拖成不治之症。特别是妇幼卫生条件更加落后，孕妇临产，都是采用旧法接产，由于用具不加消毒，婴儿患脐风症（破伤风）而夭折的很多。遇到难产，接生婆束手无策，大人小孩同时丧生的也不在少数，所以过去妇女对临产都害怕。天花、麻疹、疟疾、脑炎等流行病，严重威胁着儿童的生命和健康。老年人长寿的能活到 50 岁。

新中国成立以后，农村的医疗卫生事业发展很快。医疗卫生条件发生了巨大变化。1951 年，乡政府将境内分散的医生组织起来，在大张家镇开办了一个联合诊所。购置常用医疗器械 10 多种，设内科、外科、妇产科，并有病床 9 张，使老凹张村附近有了一个固定的正规医院。随着医护人员的增加和医疗设备的增添，1954 年，乡镇成立了医院。1966 年，大张公社在公社西侧新建医院，设内科、外科、妇产科、伤科、小儿科、中医科等，还建立了手术室，并将病床扩大为 20 余张。老凹张村民有病都先来这里，除非特严重的疾病需转院外，一般疾病这里都能治疗。1977 年，大张公社医院建造楼房一幢和配套平房多间，增添了 B 超、心电图、x 光机，增设了针灸科、化验科、放射科、儿童保健科、B 超室、心电图室、药房等科室，病床也扩大到 50 多张，并引进了多位大专院校毕业的医师，医疗水平有了较大幅度的提高。如盲肠炎、胆结石等外科手术都能得心应手，不必再往市里大医院送。

1969 年，各村分别成立了卫生室，老凹张村成立了村诊所。村民史大庆任大夫。1979 年，建立了大队卫生室，实行队办队管。赤脚医生 1 人，负责一般性的疾病门诊治疗，并承担村里常见病、多发病的防治，以及预防、接种、妇幼保健和计划生育药品发放等工作。赤脚医生的经济待遇，除自己参加生产劳动外，参照同等劳力，或按大队副职干部待遇，补贴工分。

1983 年，实行家庭联产承包责任制后，卫生室也有相应变化。1995 年，村卫生室开展门诊，设立了门诊室、药房、病房，并增添了部分医疗器械。经上级卫生部门鉴定，村卫生室被评为村级合格卫生室。

2000 年，县卫生局推行乡村医疗一体化。张先玉大夫在大张家镇卫生院、濮阳卫生院工作半生，现退休在家。

2016 年，村卫生室由史大庆和儿子史乃刚共同管理，大夫是父子二人及乃刚妻子爱梅，村庄卫生室较为规范，有诊室、药房、观察室、治疗室、输液室，"三室一房"齐全，床位 8 张。大夫们秉承"救死扶伤、治病救人"的宗旨，是全村百姓身体健康的保护神。多次被授予乡镇、县级优秀卫生室。村里定期举行村卫生室主持召开的身体保健讲座，如预防高血压、脑血管病、糖尿病、冠心病、手足口病、传染病等讲座，提示村民合理饮食、注意身体健康。

二、疾病防治

新中国成立前，以天花、伤寒、霍乱、疟疾为主要传染病。中老年气管炎、腰腿痛及肠胃疾病较多。儿童多有腹泻、痢疾、百日咳、白喉、蛔虫及营养不良病症。妇女和婴儿中，以产后风、"脐风"死亡率最高。群众生活贫困，医疗技术落后，有病则忍、靠、熬或求神拜佛、占卜算命，致使小病酿大、大病等死。

新中国成立后，党和政府加强了医疗卫生事业和疾病防治工作。

1950年2月，村内卫生员经县培训后，给小学生、幼儿免费接种牛痘，几年内便根除了"天花"。

1959～1961年，疟疾暴发流行，发病高峰期患者达70%左右，严重地影响了集体生产和群众生活。政府及时调配药品、组织医务人员到村巡回治疗，每生产队配保健员1名、保健箱1个，并对保健员进行集中培训，采取送药到人，监督服用等措施，有效地控制了疟疾的复发、流行。

60年代村卫生室每年组织接种各种传染病疫苗。1968年开始改造旧接生婆，推广新法接生，对接生器械严格消毒，产妇和婴儿死亡率明显降低。

70年代始，对妇女实行健康查体和计划生育查体。对育龄妇女查体，结扎、放环、引产、流产免费。这些措施，有效保护了妇女的身心健康。对血丝虫病进行了普查，对患者免费供药治疗。此后，对流行性脑膜炎、婴儿瘫、流行性出血热、狂犬病等进行了防治工作。

八九十年代又建立了免疫卡片，按免疫程序对儿童进行全面接种，保护儿童的身心健康。妇女生产提倡住院分娩、难产实行剖腹产，婴儿成活率达100%。

21世纪，妇女儿童的健康更有保障。儿童有《预防接种本》，记载着儿童自出生到7岁入学的所有接种情况，为孩子上学必备。

第三节　精神文化

一、精神文明建设情况

新中国成立后，党和政府首先把农民组织起来，成立了农民协会，并成立夜校，在学习文化的同时，宣传党和政府的各项方针政策。此外，还开展群众性文娱活动，成立秧歌队、文娱宣传队，编排文艺节目，登台表演，寓教于乐。群众性文化活动在老凹张村搞得很热闹。

土地改革、抗美援朝、镇压反革命运动以后，农村建立了新的社会秩序，农业合作化、评选劳动模范、开展社会主义教育运动成了1958年前村文化活动的主要内容。

1962年农村贯彻《农业六十条》后，经济体制基本稳定下来，宣传阶级斗争、提倡艰苦奋斗、"爱社如爱家""农业学大寨"成为文化活动的主流。还开展了评选"五好"社员的活动。

1983年实行包产到户以后，村民的生活水平已经由温饱进入小康型，人们在文化娱乐方面的需求也越来越高。为了使人们的精神文明水平与迅速发展的物质文明相适应，90年代开始，根据镇政府的要求，老凹张村于1993年开展了评选"文明户"活动，在达到标准的农户门上挂上"文明户"标牌，对以后推行精神文明建设活动起到了积极的推动作用。1994年，张先宝家庭还被莘县评选为"文明家庭标兵户"。

1995年，大张家镇对农村中的精神文明建设更加重视，先后在农村开展了评选"十佳好婆媳""五好文明家庭""十星文明家庭"等活动。全村开展的"十星文明家庭"评选活动的十个标准是：爱国守法、家庭和睦、文明礼貌、热心公益、勤俭持家、勤劳致富、优生优育、邻里团结、好学重教等。

为了促进老凹张村的精神文明建设，老凹张村民和干部鼓足干劲。21世纪初至2016年，老凹张村的精神风貌大大提高，村民追求团结拼搏，坚毅奋进，求实务实，开拓创新。

二、社会道德风尚

1. 崇尚礼节

老凹张村村民崇尚礼节，讲究仁义，历代讲究惩恶扬善、急公好义、乐善好施、尊老爱幼等风尚。

为官者能为民申冤，礼贤下士，秉公执法，正大廉明；为民者重义气，讲礼让，勤劳作，尚节俭。村人有疾病伤损，街坊邻里亲临看望慰问，或送礼品，或荐医献方，必要时则慷慨解囊以助钱款。婚丧、吃面、祝寿之事，邻里街坊视亲疏送礼品，多寡厚薄有别，以表庆贺或吊唁，并自发组织帮助料理有关事务，久已相沿成习。使用家具、农具、车辆、牲畜、钱款、粮食等，有求无不慷慨应允、热情相助；少数吝啬自私之人必受嘲笑。农忙帮耕帮收，和解邻里家庭纠纷，则被视为情理中事。

20 世纪 60 年代开展"学雷锋、做雷锋"活动，热爱集体、助人为乐、争做好人好事蔚然成风。

进入 21 世纪以来，开始注重文明建设，村委制定了以五讲四美、团结互助、和睦家庭、互谅互让为主要内容的村规民约，进行法制教育和综合治理，打架斗殴、违法犯罪现象基本杜绝。对孤寡老人的生活问题，实行"保吃、保住、保穿"等"五保"政策。

2. 勤俭持家

村内素有勤劳创业、节俭度日的美德。民间流传"新三年，旧三年，缝缝补补又三年"的说法。新中国成立后，村民发扬艰苦奋斗、勤俭持家的传统美德，平时省吃俭用，细水长流，储备积蓄，以应对生活变故。几任村干部耻贪倡廉，勤俭为政，反对铺张浪费。多次对村级财务制度进行改革，管好用好集体的每一分钱，同时对村内红白事的操办进行有效遏制，废旧立新，删繁就简，形成了良好的村风民风。

3. 见义勇为

提倡识大体、明是非，见义勇为之风、舍身救人的传统美德不断发扬光大。遇到老人摔倒、儿童溺水、谁家突发疾病，成年人都会去义务帮忙。

4. 文明新风

新中国成立后，社会主义思想道德理念深入人心，村内广大人民群众摒弃旧的思想束缚，树立爱国家、爱集体的共产主义情操，以英模为榜样，评先树优，全村形成了学先进、赶先进、促后进的良好社会风气。中共十一届三中全会以后至 21 世纪，村内广泛开展"五讲四美三热爱"活动，适时评选文明户、遵纪守法户、双文明户、十星级文明户等，强化先进意识和表率作用，全村涌现出许多"五好"家庭，也因此造就了无数个好媳妇、好婆婆、好妯娌等。

三、精神生活方式的变迁

1949 年前，除了逢年过节或集市、庙会等有一些娱乐外，老凹张村民平时没有什么娱乐活动，没有放映过电影，村里没有一台收音机，也没有人家订阅报纸。60 年代后期，开始有电影放映队下乡。70 年代后期出现收音机，80 年代村民家庭普及电视机。1993 年，老凹张村装上了有线电视网。1998 年全村都普及了有线电视。21 世纪以来，音响、录像机、VCD机也进入大部分家庭。2016 年，全村覆盖互联网，大大丰富了村民的文化生活。

1. 看戏

莘县素有"戏曲之乡"的美称，戏剧很发达，莘县山东梆子剧团、莘县两夹弦剧团、范县四平调剧团等都曾名噪一时，经常到农村巡回演出。人民公社时期，社员在农闲时节也自编自演节目，活跃生活。

2015 年年底，春节刚过，村里邀请莘县豫剧团演出，笔者陪父母看了三天。演出了《卖苗郎》等剧目，尽管对剧情、演员的唱腔不太了解，但一位少妇在丈夫外出赶考期间照顾生病的公婆，盗匪抢劫时与公婆争着请求盗匪放过对方，逃难中背着公婆的情景给现代年轻人上了生动的一课，许多青年人举起手机拍下这一幕幕。

2. 文艺宣传队

旧时，群众性的文艺活动主要在元宵节前后开展，以高跷、花船、秧歌为传统节目，鼓乐伴奏配合演出。新中国成立前后，结合打日寇保家乡、打老蒋求解放、打土豪分田地、抗美援朝等政治宣传，又增加了演唱、话剧、跳生产舞等文艺表演形式。村庄高跷队有成员 20 人左右，常配以剧情化妆演出，除扭、摆、串、斗外，尚有起跳对磕、劈叉、翻跟头等高难度动作，扮演都很逼真、形象、滑稽。文艺演出不仅活跃了村民生活，而且有力地推动了党在各阶段中心工作的深入进行。

1966 年，"文化大革命"开始，村里组织毛泽东思想宣传队，春节排演革命样板戏、革命传统教育和阶级教育歌曲、舞蹈、快板、相声等。经过半年学习，宣传队成员掌握了各种乐器的演奏技法和表演、唱歌、打斗等表演技巧，自编自导自演一些群众喜闻乐见的题材作品，在学校空地上搭建舞台演出，反映社会主义大好形势、宣传毛泽东思想。

1968 年，宣传队排演样板戏《红灯记》《沙家浜》《杜鹃山》《智取威虎山》等剧目。他们在演出样板戏的同时，还积极挖掘排演了许多地方剧目，比如斗地主、穷苦人翻身求解放以及反映婆媳、妯娌关系的豫剧、吕剧作品等。张先宝担任导演，剧目均由队员们自行理解掌握，演出时自由发挥表演，有时十分夸张搞笑，可谓说学逗唱样样精通，充分显示了一代青年的艺术热情和艺术功底。

在《红灯记》中，张先宝饰演李玉和，亢玉娥扮演铁梅，王桂英（妇女主任）扮演沙奶奶，张绪仁扮演阴险狡诈的王连举（至 60 多岁时，仍被村民叫绰号王连举，可见演技高明）。在《沙家浜》中，张先宝扮演郭建光，张先富扮演刁德一。在《智取威虎山》中，张先宝扮演杨子荣，张先富扮演座山雕（因身高体胖、长相凶狠，导致很多年幼的孩子都怕他，现已去世）。

一个个人物形象活灵活现，造型别致，情感充沛，深受观众爱戴。据当年参加演出的人员回忆，常吸引好多邻村人前来观看，树上、墙头上挤满了观众。但现场秩序井然，不时赢得阵阵掌声和喝彩声。演出结束好长时间，观众都不愿散去。

回想知青那一代人上山下乡，生活尽管苦些，但拥有共同理想的青年人热情很高，他们来自五湖四海，为了一个共同目标走到一起，摒弃人为的城乡差别，带着青年人共同的爱好和兴趣一起劳动、一起唱革命歌曲、晚上一起演节目，别有生活的另一番情趣。

张先宝校长在这个革命熔炉中是一个文学领导、能歌善舞、各方面展现风采的多才多艺的才子，常自编自导自演多种角色，栩栩如生，舞台上吹拉弹唱样样具备。按 21 世纪的影视标准，他兼编剧、导演、演员、串演多种角色，算是三栖、四栖明星。

1977 年，农村体制发生了根本变化，由大集体转向联产计酬，宣传队才解散。电视的普及和专业演员的出现使得人们忘记了自己身边的才艺，精神生活完全转为只观看不参与的电视时代。

21 世纪电脑的普及更使得人们失去了种种自己表演的机会。

3. 看电影

1954 年，电影队来放映无声电影，村民第一次领略了电影这一科技新玩意儿带来的神奇滋味。

60 年代，随着县电影队的成立和有声黑白电影的出现，村里开始有不定期放映电影的机会。县电影队每次来村大队，不等太阳下山，电影放映点已经坐满观众。等到天黑，白色镶边的幕布高高挂起，发动机"嘟嘟"响起，喇叭里传出期待已久的"放映马上开始"的声音，观众激动地狂呼和惊叫。

电影好像是那个时代人们所有的精神寄托。人们盼望电影队的到来，甚至成群结队地赶十几里夜路到周边村子，看那些已经看过几遍的影片，从不厌烦。电影放映员的名字也都耳熟能详、老少皆知。

1976 年，公社电影放映队成立，来村里放映场次有所增加，受到父老乡亲的热烈欢迎。

辉煌的电影时代悄然逝去，那段美好的记忆却铭记在心，感染和激励着一代人努力奋斗，献身祖国建设。《地雷战》《地道战》《南征北战》《小兵张嘎》《闪闪的红星》《渡江侦察记》刻画了无数战斗画面和英雄形象；《红灯记》《沙家浜》《杜鹃山》《智取威虎山》展现了样板戏的特点；《朝阳沟》《天仙配》《女驸马》《花为媒》，豫剧《卷席筒》，越调《诸葛亮吊孝》……民间艺术给这一代人带来了巨大的精神财富。

电视普及率的提高冲淡了群众长期以来的电影兴趣，电影放映工作走入了低谷。

1984 年后，镇政府实行电影派演，按各村人口以文件形式分配年度放映场次，也没能改变"有人放无人看"的电影"空场"局面。

21 世纪，国家重新重视文艺下乡，全国自上而下组织安排了专业电影放映队，定期下乡播放科技致富等影片，宣传党的政策，在地处偏僻，山高路远、自然条件恶劣的乡村，基层电影工作人员非常敬业，克服千难万险也要把党的声音和政策送到百姓身边。

4. 有线广播

在收音机尚不普及的年代，有线广播成为传达政策、活跃群众生活的重要媒体。1951 年，莘县文化馆有线广播站建立，县到乡的传输线借用邮电局电话线。

60 年代后，莘县开始架设县到公社的广播专用信号杆。1966 年，广播线路向公社驻地辐射。1968 年，广播信号传输到村庄。

1971 年，建起有线广播放大站，乡配有广播员，给每村安上了有线广播喇叭。村民第一次惊奇地听到了来自电线里的声音。神奇的小戏匣子开始进入茅屋草舍。社员们都把这个小玩意装在自家最显眼的土坯墙上。每日早、中、晚三次播放新闻、歌曲、戏剧等节目。早上，群众不出被窝就能听到来自广播里的《东方红》乐曲"东方红，太阳升，中国出了个毛泽东……"，随后就是天下大事，以及天气预报等节目，最后是妇孺皆知的《大海航行靠舵手》。固定时间，内容常新，很长一个时期，广播成为人们争相谈论的主要话题。

1972 年以后，全县各公社都建立了广播放大站。1978 年，广播线路整网，广播基本上实现"户户通"。

1982 年后，随着收音机、电视机增多，广播地位开始转为次要。

1985 年，莘县安装了调频发射机，发射天线信号，全县实现了广播调频的传输方式。收音机也开始走入老凹张村，村民可随意选择自己喜爱的节目。大张家镇人民广播站成立。由于镇广播站面向全镇各村播出，内容贴近生活，曾一度激发了群众收听广播的兴趣，听听身边人对身边事的叙述，对于群众来说也别有一番滋味。即使在目前电视机已广泛进入农家之时，仍有很多村民，尤其是上年纪的人，还保留着听广播的习惯。

5. 收音机

1975 年左右，在北京工作的老摆（人名）从北京带来一台收音机，是村里第一个无线电产品，引起本大队社员的关注和好奇，大家都争先恐后跑去看，听收音机广播，在前后左右寻找，惊奇声音从哪里来的。声音大小转换时他解释说正如我们看戏，距舞台近，听到声音大，离得远声音就小，群众都挤到收音机最前，原来他也不懂，不懂还装懂，因为都不懂……

不久，村民张先宝用四个月的工资 100 多元（那时他做老师的工资每月19.5元），买来第二台收音机。这成了老年的奶奶和幼年的作者在彼此群体中炫耀的资本，也是祖孙因听不同节目争夺的对象，从此，收音机像磁石一样吸引着幼年的作者。

中央广播电台儿童的小喇叭、八音盒节目，20世纪80年代的每周一歌节目是笔者萦绕一周的情怀，是酷爱音乐的笔者唯一学歌的来源，笔者至今记得李谷一的《知音》听起来似仙乐，让上中学的笔者如痴如醉，直到今天这首歌仍是笔者的最爱。没钱买课外书，收音机是汲取文学食粮的来源，笔者从中了解了不少文学作品，如《人生》，激起了笔者这代人的文学追求，朝着文学道路前进。

接着，第三台、第四台收音机……陆续进入百姓家庭，成为"男孩子摆阔、女孩子爱"的时尚产品，是当时女青年择偶的标准"三转一响"（三转为自行车、手表、缝纫机，一响为收音机）之一。

1976年，全大队收音机普及率大幅度提高，尤其是著名评书表演艺术家刘兰芳播讲的《岳飞传》于1979年在电台播出后，全国范围内反响强烈，轰动大江南北，刺激了群众购买收音机的欲望。

1981年，刘兰芳的第二部作品《杨家将》问世以后，又一次掀起了抢购收音机的热潮。"红灯""宝莲灯""青松"等收音机品牌也应运而生，规格款式也趋于新颖和多元化。收音机成为当时家庭不可缺少的家电。

在《岳飞传》和《杨家将》热播之后，每个人都被刘兰芳那独特的演讲魅力和扣人心弦的剧情所征服，播讲时间一到，人们丢掉手中活计，甚至饭碗，男女老少围坐在一起，耳朵凑到收音机旁，专心致志地听，唯恐错过一秒钟，村里到处都回荡着刘兰芳铿锵悦耳的说书声。后来是著名评书演播家单田芳播讲名著作品。

笔者记得初中时，中央人民广播电台每天晚上6点左右讲英语，英语老师动员学校买收音机，每天的这个时间组织全班同学收听，对当时没有任何教辅资料的学生来说，是难得的课外辅导了。因此，我们能听到中央人民广播电台标准的英语发音，真是万分幸运了，作为那一代人，笔者非常感激一代广播——收音机带给我们的知识、爱好的乐趣。

6. 电视

1978年，县广播站院内建立了小型电视差转台，接收电视信号。

1981年，村民张朋当兵回来，带来第一台黑白电视机，轰动全村。这台电视是村里最早的电视机，当时，由于群众经济水平低下，个人购买电视机实为凤毛麟角，极为稀奇。当时电视节目单一，除播放中央电视台新闻节目外，就是一些电影故事片、电视单本剧、戏曲和《文化生活》等定期栏目。电视播出时间也很短，只有一套节目，从 18：55～22：00，但丝毫不影响群众的观看兴趣。每天晚饭后，人们都扛着凳子像看电影似的，跑到有电视的家庭占位子，一排排的凳子排好。有电视的主家似乎拥有无比炫耀的资本，早早吃完饭，摆好家里所有凳子，等待陆续而来的村民，有时挤满院子，爬满墙头。

1982 年以后，随着《武松》《血疑》《排球女将》等中外电视连续剧的热播和群众经济水平的提高，黑白电视机大量增加。1985 年，莘县购置北京产 50 瓦彩色差转台机器，可以完整地转播山东电视台午间新闻和晚上的综合节目。莘县电视差转台机器功率小，覆盖范围窄，离城较远的乡镇大多收看河南的电视节目。

1990 年，黑白电视机普及率达到 90%，90 年代后期则有了彩色电视机。

2000 年，彩色电视机普及率达 40%。村庄安装了有线电视线路，全村 60% 居民看上了有线电视。随着光缆线路的架设，有线电视进入村民家中。闲暇时村民多在家看电视节目。

21 世纪，彩色电视机开始盛行。老凹张村村民中有近一半的家庭有影碟机。购自各地、内容各异的影碟片使老凹张村村民的生活更加丰富。

7. 电脑、网络

2016 年，电脑也走进农家，各式有线电视、电脑在村庄普及。年轻人连上互联网，用手机进行视频聊天、网购，进一步拉近城乡之间的距离，赶上了时代步伐。

第四节　文体游戏

一、曲艺说唱

群众曲艺历史悠久，俗称"说书"，为群众喜闻乐见。说唱艺人善编顺口溜，临场发挥，有声有色，听迷了远近听众。

老凹张村自古爱好音乐者颇多，对抗日战争、解放战争中鼓舞士气都起到了一定的作用。新中国成立前后，唢呐班吹奏《百鸟朝凤》、豫剧唱段等十分出名。"文革"中搞宣传队，村民在集体劳动中创造了劳动号子，盖房打地基，抬拉重物时一人领唱、众人应和，根据劳动需要编鼓动性号子，使劳动气氛和谐统一、慷慨激昂。比如：大家努力—加油干呀；也有喊革命标语的，如：红军不怕—远征难呀，万水千山—只等闲呀……众人则随着节奏齐呼"嗨呀呼喂呀"，沉重的石墩被众人用绳高高拉起，一下一下重重砸在地上，一晌工夫就把地基打得很实，能经受几十年的雨水冲刷，胜过今天的机械，我们不得不佩服祖先的聪慧、众人力量的强大。

二、体育

村民素有在农闲活余进行体育活动的习惯，以强身健体。

成年人有摔跤、扳手腕、脚蹬或手掀石滚、下棋、打牌等活动。在劳动中也经常开展竞赛以促进劳动效率，如抬杠子比力气、扛布袋比技巧、挑土篮比耐力。

三、儿童体育及游戏

少儿体育项目有：打耳、打瓦、摔跟头、跳水、溜冰、拉皮纽（打陀螺），女孩则踢毽子、跳绳、踢夹包（将6块同样大小正方形的布缝在一起，里面装上粮食或碎砖块）、拾石子、跳房（地上画出横纵几个方块，按规则双脚跳比赛输赢）。儿童游戏有捉迷藏、老鹰捉小鸡、上树等。

20世纪60年代后，上述活动渐少，随之时兴投布袋、跳皮筋、弹球等。

21世纪以来，随着生活的提高，布娃娃、小飞机、汽车等声动玩具、科技遥控玩具逐步增多，增强和提高了儿童的游戏娱乐质量。

学校体育逐步走向正规，配备了专职体育教师或有体育特长的兼职老师上体育课。学校建设了操场，购买了体育器材，学生课余体育活动的项目和时间大大增加。学校定期举行运动会，田径尖子出现，有的参加莘县、聊城地区中学生田径运动会，获得名次。

第十章　宗族、家庭关系的变迁

　　宗族是由同一个姓氏的众多家庭所组成，成员之间存在着一定的血统关系。宗族内部都有严格的纪律，即"族规"或"族法"。宗族要处理孝敬赡养父母、尊敬长辈等伦理关系。老凹张村《张氏族谱》是张姓一门的溯源。

　　家庭关系方面婆媳关系新旧社会变化很大。家庭规模从儿孙满堂到小家庭，规模越来越小。财产继承方面从以往只传给男孩到现在传给自己独生子女演变。婚姻方面从父母包办到婚姻自由。婚姻与家庭方面包括新婚家庭自我演变及与父母的关系。21世纪兴起的打工潮几乎囊括了所有农民，大量村民到城市打工，形成了今天的留守家庭，包括留守儿童、留守母亲、留守妇女、留守老人。留守家庭出现的各种问题都是新时代要切实处理的。

第一节　宗族关系的演化

一、宗族观念的变化

　　宗族，广义上指同一个姓氏，由众多家庭组合而成，宗族观念在中国人的心目中非常深厚。旧社会，宗族具有一种特殊的凝聚力，只要与本族利害有关的事，全族各个成员，都会当作是自己的事。族内最有威望和最具号召力的是"族长"，即族内辈份最长，年岁最大的一员。族内发生了大小事情，族长都有权过问，特别是晚辈不孝敬长辈的事，轻则训斥，重则罚跪。如有不服事情闹大，则捆绑到祠堂里开堂全族公审，遭到全族人员的指责。不但国内是这样，在国外的华侨之中也同样如此。老凹张村的姓氏一直有 3 个：张、史、杨。张姓占 90%，是一个大氏族，后两姓原都是一家，慢慢演化成四五家。

1. 伦理关系

子女必须要孝敬、赡养父母，晚辈必须尊敬长辈，违者称之为"逆"。民间通常称对父母不孝的行为为"忤逆不孝"，逆者必遭全族共攻之。

2. 分家

儿子长大成家立业后，都要分家。分家也有所规定，一般长子各方面要受委屈，分家后还要帮父母给其他弟弟娶妻盖房；在分房产时，位置也有明确规定，是哥东弟西，或哥南弟北；假使在别处另有房屋，则规定长子不出宅，意思是长子要在老屋内。

新中国成立以后，人们思想观念转变，宗族纽带基本上失去了赖以存在的物质基础和思想基础。

改革开放以后，陈规陋俗对民间已失去了约束力，姓什么与财产继承已不再有什么联系。目前独生子女日趋众多，财产都传给自己子女。

二、《张氏族谱》

老凹张村的家谱遭到"文化大革命"的浩劫，幸亏有个别后裔冒极大风险偷着私藏了一部家谱，才免遭灭顶之灾，这为后来重修家谱提供了宝贵的依据。

老凹张村的家谱，又称《张氏族谱》，附近村庄方圆几十里甚至几百里东阿县的同门张姓人，每村由一个德高望重的长者负责，组长是张维虎，秘书组长张先宝是本村负责人。续谱时间为十年，每十年各村负责人聚会讨论家谱的后续问题，为一代又一代新生人排辈论宗。

最新版《张氏族谱》是 2016 年 3 月 13 日定制，包括上下两册。续谱凡例规定：

（1）世代自上至下，上为长、下为晚；兄弟自右至左，右为兄，左为弟。

（2）以往只有男孩上家谱，未婚女孩不上家谱，已婚女性只写姓氏，如某某妻某氏；现在时代不同了，男女都上家谱，"某某配某氏"改为名字，体现了新时代男女平等的新观点。

族谱记载：

始祖原籍山西平阳府洪洞县，明永乐十三年（1415年），始祖张姓兄弟四人仁义礼智奉旨东迁，此前四位兄弟团圆喜悦同堂。奉旨东迁、势迫分居，兄弟四人痛心肝肠如断，今日分别不知何时相见，因此，临别时共同有铁灯一盏以备后世团聚之证。此后长门兄长落居观城县老凹张，二门兄长落居东阿县地址不详，三门兄长落居河南省清丰县楼张家，四弟落居河南省清丰县罗寨，一三四门虽然是异省别县但省县交界，村居相邻，这三门的后代世孙都有志，每次续谱时怀念二兄，怀念四位始祖的手足之情，为四位始祖的后世子孙得不到团圆而担忧。彼此易联易聚，后世能一体续谱、一体怀念祖先。唯有二哥太远，地址不详，前谱无考，不知何时何故失联断绝音信。历尽风霜苦，上天不负有心人，经过多年查找，终于在东阿县皋上村找到了二门手足亲人。

1995年2月（阴历），四位始祖的后代世孙共聚老凹张长兄处，欢聚一堂，商议每十年续谱作为传统传承下去。2005年1月18日全族共聚楼张家村，前往始祖陵墓祭奠，开始正式续谱，2006年12年18日共赴东阿，找到二门后人。主持人是18世孙张维虎、张维法等本族热心人；19世孙张先宝、张先学等起草、通稿、修订、印刷成册，20世孙张绪元，21世孙立献、立业积极参与续谱工作。现张氏家族已传到21世立字辈，22世本字辈，23代现在未出生。

岁月荏苒，至今已发展六七千人，25个村庄。山东省莘县8个村庄：老凹张、西武庄、大吕海、郭连庄、马庄、马厂、张青营、古云闫庄村。东阿县皋上村。河南省范县4村庄：单徐庄、彭楼、常庄、李家庄。河南省清丰县10个村庄：翟家堤口、楼张家、赵楼高、张家店、六塔东观寨、西观寨、罗寨、瓦屋头镇瓦屋头村、双町、张贾村。最远还有江苏省沛县陈家窑等。

2015年族谱序：

千百年来众族人谨遵祖训，迄今六百余年。经历年代沧桑，后人繁衍昌盛、世代相传、生生不息。相互躬亲礼让，族谱承前启后延续至今，流传百世。社会和谐，民族兴旺，经济腾飞，民富国强，中原文化源远流长，吾张氏宗族乘国盛、顺族义、念手足，于2014年农历正月十八全族后裔昭前裕后，于三门祖居清丰县马村乡楼张家村欢聚一堂，畅所欲言，群情激昂，团结互敬，情深意长，同心同德，携手共商续谱一事。始祖张姓兄弟四人仁义礼智铸铁灯四盏做后辈宗族之信物，由于年长日久，一二四门铁灯遗失，只有三门铁灯仅存，后经张维虎、张立贤等人精心筹备，于2014年重铸铁灯四盏，以继始祖之义训，做后人归族续谱之灯，望各门后裔精心保存。吾一三四门于2014年12月16日以张维虎为首帅，张先宝、张须珍、张须江、张立贤等人不畏劳苦，不怕天寒地冻去山东东阿二门祖居皋上村，受到二门张怀涛、张在峰等人的热情款待，同聚一堂，为2015年续谱做了精心细致的工作，并为续谱大事做出巨大贡献。

因水平有限，谨作此篇聊表诚意，以祝2015年续谱之兴，如有不妥，请各位多指正。

始祖铁灯放红光，一代更比一代强；

张氏续谱多荣耀，前程似锦路辉煌。

罗寨张须江撰稿

第二节　家庭关系的变迁

随着时代的变迁，整个社会发生着不断的变化，家庭是社会肌体的细胞，这个小天地也在变迁。

一、赡养父母

"养儿防老"是数千年的传统习惯，赡养父母对子女来说是无可争议的事情，但是不孝顺、不赡养父母的不道德行为，历代都有。在过去这类事情只要告到族长那里，这种大逆不道的行为一定要按族规办理。今天法律明文规定"子女有赡养老人的义务"。

然而现在这种现象反倒有增无减。原因有多方面，家庭不和、住房问题都是较普遍的原因。尤其是子女众多的老人，他们为众多子女盖起来或购买一幢又一幢的新房，为他们娶亲安家，使其安居乐业，而到头来自己却连个窝都没有。大多问题出在结婚的档次、结婚的物品、房子的大小、分配财产不公等。像这类情况一般经村委和老年人协会进行调解后都能适当解决，但也有个别因调解无效而上告法庭，父母兄弟姐妹对簿公堂、反目成仇。

21 世纪，随着创建精神文明活动的步步深入，独生子女家庭越来越多，这类不良的社会问题越来越少。兄弟之间赡养老人互相推诿的现象固然是逐步消失了，但独生子女家庭将来双方父母、祖父母的赡养问题，却又是一个新的课题。

以往家庭，不论子女多少，即使是四世同堂的大家庭，其父辈和祖辈只有一个父母和一个祖父母，老人的生活是由众兄弟共同负担，而现在独生子女结婚后，他们就要负担两个家庭的父辈和祖辈，如果再往下延伸，他们的家庭负担更重。

现在结婚后是女方嫁到男方，还是男方到女方？目前农村流行的办法，是哪方富裕到哪方，基本是女方去男方为主。至于双方家庭的遗产如何继承，后代子孙的姓氏到底按哪一方，双方老人如何赡养，等等，都较过去要复杂得多。不过随着各种社会保险事业的不断发展，这许多看来复杂的问题，都会得到妥善解决。

二、婆媳关系

旧时，婆媳之间，婆婆的权威至高无上，媳妇得看着婆婆的脸色过日子。过去农村媳妇吃的是剩饭，干的是牛活，处境艰难。

随着乡镇工业的兴起，彻底改变了以农为主的农村面貌，不仅青年男子当企业家，妇女也普遍有了工作岗位，而且出现了女强人。儿媳妇白天起早贪黑去上班，照顾孙辈、种植自留地的担子也就落在老人身上了。为了家庭和睦，老一辈也只能委屈求全了。好在社会进步，文明进步，新时代知识女性素质也相应提高，多数婆媳关系不像过去那么激烈。

三、财产继承

过去，基本都是兄弟三四人的家庭，父母在财产分割的问题上，绝大部分的家庭不能完全公平。新中国成立前，兄弟分家一般在都成家后，分家时一般都得由娘舅作主。

新中国成立后，特别是在实行农业合作化后，由于土地和主要生产资料变为集体所有，家庭中的财产除了房子和一些看得见的资产外，也别无其他可争。子女多的家庭，一般都采取结婚一个、分出来一个的办法。继承的财产主要是房屋，其次是一些生活资料，过去"嫁出的女儿，泼出的水"，没有继承权。

实行独生子女政策后，生了女儿的家庭，财产不再会让别人来继承，法律已明文规定，女儿对父母的财产有继承权。

21世纪，村民的私有财产越来越多，子女作为当然的继承人，没有人来与之相争，父母也基本上不存在选择继承人的问题，财产继承不成为问题了。

四、家庭婚姻的变化

封建社会里，子女的婚姻全是凭父母之命、媒妁之言来决定，子女无权过问。尤其是妇女，不管嫁的男人好坏，只得"嫁鸡随鸡，嫁狗随狗，嫁个砖头抱着走"。妇女一踏进了夫家的门，便永世成为他家的人了，除非被丈夫"休"掉，丈夫死了妻子守寡是天经地义的。随着西方文化输入国内，这些封建礼节逐渐淡化，但是封建婚姻的残余仍然很浓。毕竟人们把婚姻视为终身大事，非到万不得已才提出离异。

1950年人民政府颁布了新的《婚姻法》，才真正废除了一夫多妻制、包办婚姻、童养媳等封建婚姻制度。《婚姻法》明文规定男女平等、婚姻自主，坚决反对父母包办。

结婚自由，离婚也同样自由。过去夫妻闹离婚，得先由村级组织进行多次调解，无效时再由乡级调解，最后实在无法共同生活，才交法院，法院再进行调解，实在无效才判决离婚。目前，如果双方愿意离婚，只要签订好协议书，经村委会签证，乡级民政部门便可批准。近年的离婚案件逐年增多，与此简便的手续也不无关系。事情辩证地去看，过去老式婚姻的守旧对被婚姻绳索捆绑的苦难人是煎熬，但一定程度上维护了婚姻和家庭的稳固；今天离婚自由帮助了苦难中的人摆脱婚姻的绳索，但也助长了婚姻和家庭离散的自由，给责任心不强的人提供了机会。万事有利必有弊，是双刃剑，关键看人如何利用，我们要去其糟粕、取其精华，尽量使利大于弊，最大限度地维护家庭和社会的稳固。

一般来说，夫妻是家庭的支柱，早晚都生活在一起。过去夫妻间争吵、打架，最多互相怄气，一般没大问题。1950～1978年，人们的生活水平变化不多、人口流动很小，家庭比较稳定，即使夫妻关系不好，离婚的也很少。

10 年前，离婚后的小夫妻谁都羞于见人。现在，由于离婚程序比较简单，难免草率，因此离婚的不少，失去了才知道珍惜，许多夫妻离婚后或在寻觅伴侣过程不畅，愈加感到对方的价值，复婚的也有，但往往对方已另有安排，复婚无望，造成终生的遗憾，受害的是子女。

2016 年，人们富裕了，对感情追求提高了，由于夫妻不和等原因，村里离婚的有 3 家。

第三节　新婚家庭关系演进

婚姻是新的家庭关系形成与发展的关键时期，从新婚家庭的诞生来阐述家庭关系的形成及演变。新婚家庭关系沿着两条主线演进。

一、新婚家庭与父母的关系

20 世纪 80 年代高峰期出生的人口纷纷到了婚育期，老凹张村大多数人仍通行着中国农村传统的婚姻习俗，女到男家落户。女方出嫁后，便脱离了与女方家庭的经济关系，女方可以赡养父母，但不拥有家庭财产的继承权。因此，新婚家庭与男方家庭成员的关系，成为家庭关系的一条主线。

一般新婚家庭都愿意分开单独生活，以独享自由的生活空间。结婚前，父母都要为儿子盖房，拥有一套独立的住房是结婚的前提，也是婚后独立生活的基础。结婚后，父母往往是剥离一份承包地给儿子，小家庭就可以独立地进行生产和生活了。

与父母分开生活并不意味着相互间就没有经济往来，相互之间还是存在着密切的扶助与合作关系。在家庭发展的不同时期有所侧重。新婚家庭建立初期，父母对小家庭的扶助多些。父母通过给予小家庭经济支持、帮助干农活、带孩子、给孩子零花钱等形式，使小家庭不断发展壮大。当孙辈们渐渐长大，父母的身体也渐渐衰弱后，扶助与合作的天平开始倾斜，儿子一家对父母的帮助开始增大，儿子给父母赡养费、帮助干重体力活、接送医院看病、携带物品探视，使父母安度晚年。

老凹张村的老人能够自理的或老伴健在的，一般都是自己住在一套房子里独立生活。老凹张村空置地较多，闲置的房屋也很多，老人很容易找到一套住房居住。不能自理或单身的老人则由儿子轮流赡养，轮养周期有一年、半年和一个月不等。当然，短期轮养的老人一般都有固定的住所，儿子们也都在附近居住，白天在儿子家里吃饭，晚上睡觉回到自己的住所。

老人的医药费和丧葬费一般由儿子们分摊。以前医药费是从事农业的儿子们很大的开销。21世纪，合作医疗的覆盖面很广，老人就医的花销也不是很大。

二、新婚家庭的自我演进

新婚夫妇很快会成为父母。孩子的降生使小家庭内部简单的关系变得更加丰富，抚育子女成为家庭的核心任务。

以往的老凹张村，孩子的抚育成本并不高。近几年，随着收入水平的提升，孩子的抚育成本也在上升，奶粉、衣着、零食、医药费等也是家庭一笔不小的开支。好在一般都有老人帮助带孩子，小家庭在精力和经济方面的负担减轻很多。2009年，村里开办了一个幼儿园，能够自理的孩子都可以去幼儿园，使家长有更多时间做其他事情，深受家长们的欢迎。老凹张村的学龄前儿童基本上都上了幼儿园。

实行九年义务教育，高中以前的教育花销不大。随着收入的提高，村民们也舍得在孩子们的教育方面增加投资。初中毕业后，无论是考上高中还是中专，每年的学费及在校生活费都是家庭中一项大开支。尽管如此，只要孩子考上，家长全力供养。孩子考上哪里供到哪里，只要孩子愿意上学，砸锅卖铁也供孩子上学是村民普遍的心声，也是平凡而伟大的父母的写照。恢复高考以来，不少人考上大学，有的考上硕士、博士，成为村民教育孩子的榜样，他们的家人也赢得村民们的景仰。

但考上大学的毕竟是少数，绝大多数在高中、初中毕业后，有的甚至初中都未毕业就加入打工行列。外出打工已经成为村里年轻人重要的人生经历。他们较低的务工收入不足以支持他们在城里的消费，不停地奔波于不同的城市，只求找寻一个能有较好待遇、较高收入的工作。不经意间，他们已长大，到了谈婚论嫁的年龄，长辈们便开始张罗起他们的婚事。

尽管在打工过程中会遇到钟情的异性，除少数女孩会留在当地外，绝大多数外出打工的男孩，最终会回到他们的家乡、回到父母身边，与邻近的女孩相亲组织家庭，以往的恋情也只能作为回忆，随着时间发展慢慢消失。

春节是最热闹的时期，外出打工的游子们纷纷返乡。也是最忙时节，媒人看到谁家男孩与哪家女孩般配，受家长之托去牵线搭桥。一对从不认识的男女青年从陌生到相识，然后步入婚姻殿堂。

女方看男方家庭的经济实力、住房、摆设等，都满意就定哪天定亲。定亲之后，男女双方就可以正常交往了。当双方认为该结婚时，男方要携带物品去女方家里商议结婚日期，依据生辰八字，看黄历定结婚日期。在结婚前，男方要明确女方需要陪送什么，男方要给相应的钱来买好。

总之，在一个小家庭建立之前，男方的付出是很多的。从媒人介绍到婚礼之前，男方得花费一两万元。相处时间越长，男方的付出越多。因为期间女方家里有任何事情，男方都得携礼相助，女方需要什么东西，男方都要奉上，花销最大的要属住房，通常一套住房的建设成本得需八九万元。随着时代发展，结婚成本越来越高，现在需十几万几十万元了。

男方的付出是以婚姻能够修成正果为前提，女方毁约要如数奉还男方所送一切礼金，而男方毁约，所有付出就"打水漂"了，娶媳妇不容易，男方提出毁约的很少，这也助长了媳妇在婆家地位的上升。

第四节　留守家庭的形成

劳动力大量外出，形成了许多不完整的家庭，即留守家庭。留守家庭和留守人群日益成为人们普遍关注的热点。在老凹张村，留守家庭一般有以下几种类型。

一、留守儿童

留守儿童一般指父母均外出务工，只留孩子在家，由老人或亲戚照管，多数情况下是由爷爷奶奶照管。在老凹张村，这类家庭能占有孩子的外出务工家庭的30%，由于父母职位的缺失，孩子的健康成长受到一定的影响。老人由于受身体条件和文化素质所限，只能满足孩子吃饱穿暖等基本需求，而对于孩子的心理需求，尤其是亲情沟通和交流不够注重，加之对隔辈人溺爱和疏于管教，致使留守儿童在心理发育、行为举止、遵守社会规范等方面都会存在一些问题。

二、留守母亲

留守母亲是指丈夫外出打工，妻子在家照看孩子和经营土地。这类家庭在老凹张村大约占有孩子的外出家庭的 68%，占留守人群的绝大比重，甚至被称为是外出务工家庭的主要标志。在这样的家庭，孩子长期处于母亲的抚育下，父亲缺位，致使孩子在性格发育方面会有一些缺失。

由于丈夫不在身边，留守母亲独自一人承担抚育子女和家庭经营的责任，很是辛苦；她还要承受孤单寂寞、缺少夫妻温情的生活。为了调动社会资源，留守母亲一方面积极维护与婆家的关系，争取家人的支持与帮助；另一方面，发展与娘家的关系，在加强与娘家人感情沟通的基础上，赢得娘家人在自己生活出现困境时、在家庭生产时的关照与帮助。例如一位嫁到外村的姑娘，婚后丈夫长年外出务工，她带着孩子几乎长期与父母在一起生活，只在婆家有事、丈夫回家时才返回。在农业生产的关键环节，例如耕种、收割时，她的父母和兄弟都前去帮忙。

三、留守妇女

留守妇女是指丈夫和子女均离家外出的妇女，这类人群一般以中年妇女居多，因为年轻妇女一般都会随丈夫一同外出务工。留守妇女由留守母亲演变而来，当子女慢慢长大，也汇入外出务工大军离开自己时，母女或母子留守便变成母亲一人留守。留守妇女既是家庭生产的中流砥柱，又要赡养老人。当然，老凹张村农业生产的高度机械化也使农作不再如此辛苦，老人分开生活也不会牵扯太多的精力。留守妇女不再有抚育子女的辛劳，但也正是由于身边缺少了儿女的欢闹，要承受更多的孤寂。好在长期的村庄生活已使她们缔结了一些关系网络，结交了一些亲密无间的姐妹至邻，在与他们的聊天中，打发漫漫难熬的时光。

四、留守老人

当子女纷纷外出求学、工作之后，家庭就进入了空巢期，父母开始独自生活。对于城市居民而言，由于父母都有一份较为稳定的工作收入或退休金，独自生活不会有生存压力，但农村老人就不同。

长期以来，中国农村传统的赡养方式是：父母抚育未成年子女，为儿子盖房娶妻，儿子负责赡养父母。由于农村居民外出求学、工作的机会很少，绝大多数儿子结婚后仍与父母同居一村，这使父母与子女相互之间的照料成为可能。随着外出务工人员的增加，子女纷纷离开父母，致使留守村庄的老人越来越多。

目前，社会保障还没有完全覆盖农村，农村老人的养老问题便日益突出。农村老人的生存状况很大程度上取决于子女。子女外出打拼，自我生存都很艰辛的情况下，疏忽了对老人的赡养在所难免，这样，老人的生存状况就会陷入困境。

21世纪，对于老凹张村村民而言，由于外出务工者多为青年，他们的父母大多没有丧失劳动能力，还能在地里劳作，还能够靠自己的劳动收获基本的口粮和生活费用，子女们还能定期或不定期地寄回或带回钱来，目前生活还算可以。所存在的问题主要是精神层面的，没有了儿孙绕膝的欢愉，内心十分孤寂。

第十一章　家庭经济、日常生活的变化

新中国成立前后、改革开放前后，人们的家庭经济、衣食住行等日常生活方式发生了很大变化。家庭收支情况从父母负责转向有经济权的儿女。穿戴方面，服装鞋帽从保暖到美观变化。饮食方面，从吃不饱到主食、副食、蔬菜、鱼肉多样化，再到宴席、烟酒糖茶档次越来越高。居住方面，从遮风挡雨到房屋结构、用料、装修、室内家居等方面朝高档化发展。取暖、燃料方面，从过去的柴草到今天的煤气、电饭锅、电磁炉，摆脱了过去烟熏火燎。出行方面，道路由土路发展为柏油路，交通工具由步行、手推车、自行车发展为摩托车、三轮车、拖拉机、汽车，越来越快速、便捷。

新中国成立初期，农村提出的奋斗目标是要逐步减小城乡差别，农村也要发展到电灯、电话。60多年后，这些都在老凹张村变成了现实。从20世纪90年代末开始，老凹张村开始了建房热，土屋演变为砖瓦房、楼房，通信方面实现了"农村电话小康村"。

第一节　家庭收支的变化

新中国成立前，老凹张村基本上都是从事农业生产。人均土地和农业收入相对稳定，正常年景下，村民可以勉强达到温饱。如果受长期战争的破坏和反动政府的搜刮，半数家庭难以维持生活。

新中国成立后，土地改革使生产积极性增加，村民的收入和消费水平在50年代逐渐提高。据1958年对50户村民的调查，1957年老凹张村村民的人均总收入达到180元。

1962年进行政策调整以后，生产队允许社员拥有自留地和开垦边角荒地，老凹张村利用洼地、淤泥地优势，大种红薯等作物，以提高收入。

"文化大革命"开始后，尤其是在"以粮为纲"等政策指导下，"割资本主义尾巴"，禁止家庭副业等。在这种环境下，老凹张村的经济元气大伤。1971～1978年，社员的收入主要来源于集体，始终徘徊在110元左右，部分人口多、劳力少的家庭，一年到头连口粮都挣不回来。每到年终分红时，能够拿到现金收入的社员很少。

改革开放后，村民的收入迅速增加。实行大包干的1983年，村民人均纯收入就猛增到300元，1987年村民的人均纯收入达到930元。1995年达到2800元，1997年达到3500元。人均收入在20年里增长了几十倍，生活面貌、物质消费水平大大提高，生活方式和消费观念也随之发生了很大变化。

一、家庭收入结构的演变

在人民公社时期，农户是集体的组成部分，家庭收入主要来自分配，生产队的年终分配有实物、现金分配。粮食分配占绝大比重，不同年份表现不同。1966年，所占比重最大的为红薯（10600斤），其次为小麦（4080斤），再次为高粱（3600斤）。1974年，谷子（3676斤）的比重有所上升，位于第三位。1979年，小麦上升到第一位，玉米也大幅度提高，仅次于小麦和红薯，位于第三位。

家庭联产承包制后，农民收入来源发生变化，生产队生产与分配职能开始消失，农户家庭成为农业的基本生产单位，家庭经营成为收入的主要来源，收入构成和收入多少视家庭经营的种类和数量而定。

90年代，开始出现打工，收入来源呈多元化，刚开始农业收入仍占家庭收入的绝大比重，打工收入居第二位。慢慢打工优秀者打工收入占第一位，农业收入占第二位，以至于最后放弃农业，专门打工。

2016年，除了部分考学、当兵出去有正式工作的人员靠工资收入，经商和打工成为村民主要收入来源。

二、家庭支出的变化

农户家庭支出主要表现为生产费用支出和生活消费支出两项。

生产费用支出包括家庭经营费用支出、固定资产折旧以及各种税费等，家庭经营费用支出占比重最大。

2008 年家庭经营费用支出占总支出的比例为 94%，税费支出占总支出的比例为 3%。在家庭经营费用支出中，农业费用支出比重最大。最大的是肥料支出，2009 年肥料支出占总支出的 56%，其次为机耕费用支出，占比为 18%。生产费用总的趋势是呈上升的趋势。

21 世纪初至 2016 年，孩子教育费用占家庭支出的比重越来越大，说明村民越来越重视对孩子的教育培养；生产资料和养老支出减少。

2016 年家庭经营费用支出占总支出的比例为 87%，税费支出占总支出的比例为 8%。

第二节　穿　戴

穿着打扮表面上是一个生活问题，但实质上代表一个地区人民的文化和经济的水准，人们生活水平的提高和对美的追求又不断促进衣着的改变。以往衣料多为自产土布，称"粗布"。辛亥革命以后，"洋布"流入境内，服装式样逐渐有所变化。

过去村民衣着的消费变化不是很大，由于孩子多，一件衣服常常要穿上一二十年，在孩子之间由大到小穿，补丁摞补丁，不知要穿多少年才舍得换新衣，换下来的破衣服还得当硬衬做布鞋穿。一件"滑壳"棉袄（没有衬衣）就过冬，天气转暖时拿掉棉花当夹衣，大热天光膀子。一年四季除了夏天没有穿裤衩的习惯。

新中国成立初期，经土地改革运动，农民的经济有了明显的改进，农民对穿着开始重视。政府干部都穿灰色的薄洋布服装，价格很便宜。灰布成为"干部服"，灰洋布成了热门货。年纪大的人穿着变化不大，大部分穿老式服装。

20 世纪 50 至 60 年代，布料以粗布及机织棉布为主。卡叽布成了抢手货，呢绒服装在农村时有出现。布料以普通的薄棉布为主。1954 年 9 月开始实行棉布计划供应后，因数量受到限制，村民的收入也很低，在穿着方面改善不大。遇到子女婚嫁，布票成大问题，几条床单、被子的布就得用掉家里几年的布票；子女多的，如果接连结婚，更是问题。一个家庭若没有两三个小孩来调剂（小孩用布少，领布票和大人一样），穿着成大问题。

70 年代中期以后，"的确凉"等化纤布开始流行，衣服的颜色也比较单调，男性的服装也由灰色转变为藏青色。

1983 年 10 月取消棉布计划供应，废除布票，布料基本上满足供应，棉、麻、羊毛、化纤等各类材质的布料应有尽有，有涤纶、锦纶、维纶等，有纯纺、混纺、二合一、三合一等。人造棉成为令人羡慕的时装潮流。黑色或藏青色毛料中山装，成为小伙子结婚时必不可少的礼服。

改革开放以后，服饰的款式变化多样。年轻妇女的衣着成为她们日常生活中的头等大事，根据不同季节、场合穿衣成为女性关注的主题，尤其是从外面回来的年轻人，讲究衣着入时，都很时尚。同时，由于生育孩子减少，经济收入增加，孩子们的穿着也讲究。

20 世纪 90 年代至今，人们外出务工，开始更加注重衣着打扮，服装店如雨后春笋，几乎占领了大半个市场。

2016 年，布料转向生态化、接近自然，纯棉制品越来越受到人们欢迎。

一、发式

民国前，男人留长辫，劳动时缠在脖子上。民国初，青年人思想激进，率先剪掉辫子留短发。抗战开始后，日伪政府推行光头。

新中国成立后，"理发推子"出现，流行"平头""青年头"，中年人推"背头"，老年人推光头。

20 世纪 90 年代以后，青年人剪"板寸头""毛寸头""碎发"等，发式有"运动式""青春式""自由式""卷式""波浪式"等各种各样。2000 年以后，新潮青年开始染发。

新中国成立前，未婚女子梳独辫，出嫁后梳盘头。60 年代以后，女青年开始留两个辫，辫上系蝴蝶结。中年妇女剪发，冬季包蓝色围巾，老年妇女梳网子，挽簪。80 年代以后，发型变化较大，流行烫发、披肩发、两夹辫、散把辫等形式。90 年代以后，染、烫、焗形式多样，2000 年以后，女性染发、新娘盘头等时兴。

2016 年，男女的发式、颜色更是随心所欲，理发费用从几元钱到几

十、几百，上千元的也有不少。新娘盘头成了婚庆公司的重头戏。

二、服装

1. 男装

旧时，由于条件限制，衣着相对简单。春秋冬三季都是对襟袄、褂，大裆接腰裤，用带子扎腰绑腿，穿大铲鞋和布袜。夏季穿裤头、长裤，下地多打赤脚。清末民国初，上衣有右襟式和对襟式两种，下身为大裆深腰裤。富有之家男穿绸缎，右襟长衫大褂，外罩马褂，戴红顶瓜小帽或毡帽、皮帽，用绸缎、绢。农民多穿短衣，有的冬季穿棉袍。无论穷富都不穿内衣。成年男子以蓝、白为正色。

新中国成立以后，条件有所改善，一般是冬季棉衣，春秋单衣，夏天穿汗衫、裤衩。机织布和缝纫机出现以后，款式改进，主要体现在上装。先是国防服，春秋季作单衣，冬季作外套，裤子为小腰"前开门"。中山装、列宁装、青年装等款式逐渐流行，但多数中老年人仍习惯于穿传统便服。

"文革"期间，流行穿军装。20世纪80年代以后，流行中山服、夹克服、呢子大衣、面包服，羽绒服、休闲服等，裤子流行喇叭裤、筒子裤、健美裤、老板裤、牛仔裤等。

90年代开始，村内以穿成品衣服为多，冬季棉衣被毛衣、毛裤取代，夏季T恤衫、衬衫束在腰内。

21世纪，男装也朝面料、款式多样化发展。

2. 女装

旧时女装差别不大。斜大襟上衣，大裆接腰裤，时尚一点的穿印花布衣服。青年妇女多穿高直领右开襟镶边褂，阔腿镶边裤、绣花鞋，富有者并有裙装饰。机织布时兴起后，女装变化较大，常以流行的花色布料缝制上衣。

20世纪70年代中后期，机制衣服取代缝纫布。女裤皆改为小腰"右开门"。

80年代，缝纫机家家必备，自行裁制方便快捷。女装款式多样化，小开领、大开领、高领等以领口的变化为主要形式的上装或套装一度形成潮流。

21 世纪，成品衣服款式新颖、面料考究，朝多样化、新潮发展。

3. 童装

过去儿童没有自己衣服，冬季穿大人不能穿的旧衣，穿开裆棉裤。夏季一般都光身，或由大人衣服改小，到十五六岁没衣服穿，女孩胸前挂肚兜到七八岁。新中国成立后，随着经济条件的改善，许多家庭也都省吃俭用，为孩子添件新衣。男孩穿蓝，女孩穿花。孩子多的，一般都老大穿了老二穿，老三老四拾破烂。

80 年代以后，随着计划生育的开展，家庭子女减少，穿着打扮备受家长重视童装款式也越来越多。

21 世纪，童装、童鞋成为商家赚钱的商机，童装动辄七八十元，甚至上百元，比大人衣服还贵。

三、鞋

过去，鞋子历来都是家庭主妇自己做，给一家人做鞋穿是主妇们整个冬天的活。20 世纪 20 年代后城市青年多穿皮鞋或帆布运动鞋，农村人多穿圆口布鞋。

20 世纪 70 年代末乡镇工业兴起后，妇女参加工作的增多，农村道路条件有所改善，妇女穿皮鞋的逐渐增多，一般都穿平跟。

90 年代，妇女在穿鞋的文化上大大超过男人，女鞋品种繁多，高跟鞋 3～8 寸高。以往农村做鞋是妇女的看家本领，现在 30 岁以下的青年妇女大都不会做鞋了。

21 世纪初至 2016 年，男女老少一年四季的鞋子全靠买。手工做鞋只有老年人给小孩或旅游区为展示中国传统手工艺卖给外国游客。

四、帽子

清代到民国，男子盛戴瓜皮小帽，农村在抗战前仍有人戴。市镇中青年戴花边毛质礼帽，农村很少见。到冬天，老年人多戴罗宋帽、毡帽。新中国成立后盛行戴解放帽和鸭舌帽。

现在年轻妇女平常不爱戴帽，冬天时戴绒线帽、围巾。

五、袜子

清代穿布袜,民国后改穿洋袜、齐膝的长筒袜,解放前开始有短袜。过去一般只有在冬季穿袜,一双洋袜缝缝补补穿好多年,可谓"新三年、旧三年,缝缝补补又三年"。现在夏天反而成为袜业旺销季节,破了就丢,过去人买袜子论双,现在论"打"。袜子款式也多种多样,有无跟袜、船袜、长筒袜、连裤袜等。

六、首饰

1949 年前,村里只有富裕家庭的妇女才能佩戴金戒指、金耳环,基本没有金项链、金手镯。

新中国成立后的最初几年,由于社会风尚的变化,人们不再追求金银首饰。农业合作化以后,佩戴戒指、耳环等首饰的妇女越来越少,一方面是国家很少生产金银首饰,另一方面农民没有能力购买这种奢侈品。

改革开放以后,随着村民生活水平的提高和温饱问题的解决,妇女爱美之心涌动起来。金戒指、金项链从 80 年代中期走进村民家庭以后,现在已经成为很普通的消费品,甚至钻石戒指也已经进入少数家庭。

2016 年,人们对首饰的款式、档次追求越来越高,村民佩戴"三金"(金戒指、金耳环和金项链)的很多,也是结婚必备的物品。

第三节　饮　　食

民以食为天。饮食历来是人们的生活大事。老凹张村民在饮食习惯方面大致和周边的村民相同,喜吃小麦、玉米。新中国成立前,夏秋季节,农家常搭吃南瓜、山芋等副食,夏季小麦收获后,一些缺粮的农户都把小麦磨成面,连皮都吃,筛出来的面粉做细食,麦麸皮做饼吃。新中国成立初期还有这种习惯,现在麸皮是喂猪的饲料,人吃麦麸已成为历史。

农村习惯一日三餐,以中餐为正餐,早晚吃稀粥。农村的习惯一般早晨起来先干活再吃早饭,现在一般因务工的多,习惯吃完早饭再上班,到农忙时则还是干阵活再吃早饭。村民种杂粮和吃杂粮，黄豆、山芋在青黄不接时食用，不太当主食。

一、主食

人民公社时期，小麦虽是主要粮食，但是完成国家任务后所剩无几，所以红薯是主食。70 年代，玉米成为主食，麦收后能吃两月麸面麦子。80 年代后，小麦与其他杂粮结合着吃。

90 年代后，棉花种植减少，粮食种植面积扩大，单产上升，村民的饮食结构也发生了变化，能全年吃上精打的细面（去除麦麸的面），玉米面也能精制。人们将红枣、红小豆、绿豆等磨面做馅，用白面包上，称为豆包；用玉米面包上，称为团子。目前在老凹张村，豆包仍很常见。馒头（圆形的当地称馍，方形的称卷子）是主食，也能吃上用麦子或玉米换的大米，但是村民还是习惯吃馒头，尤其是体力劳动者。

21 世纪初至 2016 年，小麦面粉一直是人们的主食，但同时也意识到粗粮的价值，粗细混搭，吸收各种营养，窝窝头、玉米饼子成了稀贵品。以往家家女主人自己做馒头，蒸一锅馒头吃几天，现在很少自己做，馒头坊的馒头供不应求。

二、副食

蔬菜 村民的蔬菜消费量较少。在人民公社时期，主要的蔬菜品种是大白菜，偶尔也会分些豆角、萝卜等，但数量不多。近年来，蔬菜消费量有所增加，冬天蔬菜以白菜、萝卜为主，间或各种新鲜蔬菜。

磨菇、平菇、香菇等 80 年代以后才有种植。碗豆苗和山芋梗撕去皮后当菜吃。

目前，大棚种菜引进以后，一年四季想吃什么就有什么，人们的菜篮子丰富起来。

鱼肉类 鱼类一般有鲢鱼、鲫鱼、草鱼等。鲤鱼在北方算上等鱼，有年年有余之说，过年过节、各种宴席都有鲤鱼这道大菜。

肉类 以猪、牛、鸡、鸭肉为主，新中国成立前大张家镇上只有一个肉铺，一天平均卖不出一头猪。现在卖肉的肉铺有好几个，一天可卖出几头猪，从肉的消费能看出农村餐桌上的变化有多大。

羊肉一般只有在冬天吃，不算家常菜，因羊肉有膻味，故家里很少有买羊肉的，一般想吃就上羊肉馆。

三、宴席

喜宴 过去农村宴客，喜宴为八大菜。后来加上水果、糕点，称为"两八"，20世纪再加上海参、鸡、扣肉、鱼，称为"三八"。现在结婚、生子喜事一律去大酒店，几十桌酒席，酒店专车接送客人，规格越来越高。宴席讲究轻量重质，花色品种多样。

丧宴 一般把豆腐、白菜、萝卜丸子、粉条都放在锅里熬煮，称"喝杂菜"，一人一碗，馒头随便吃。现在的丧宴，菜肴和喜宴基本无太大区别。

四、酒水

20世纪六七十年代时，因粮食定量供应，人们吃都紧张，没有余粮做酒，政府也明令规定，私人禁止酿酒，故民间做酒绝迹，近些年来粮食丰收，民间酿酒之风又有抬头之势。

21世纪，家家过年过节、平时都要买酒，酒的档次也越来越高。现在宴席的档次不仅要看菜肴，还要看烟酒牌子。

五、喝茶

村民普遍喜欢喝茶，特别是夏季，人们下干活普遍都带上一大壶。茶在农村当作敬客之礼，一般客人来到，先沏茶礼貌待客。

近年来雪碧、可乐、红茶等各种饮料成为小孩必不可少的茶水。

六、吸烟

清末民初外国卷烟传入中国，当时称"洋烟"。过去烟分水、旱两种，水烟是用烟叶加工后切成二寸左右见方的片，呈青绿色，抽吸时，得用一种特制的烟筒，里边装水故称"水烟筒"一般都是用黄铜浇铸，抽烟时壶内之水咕咕作响，烟通过水而入口，味和顺，少辣味。

旱烟则是经加工以后刨成细丝，呈黄色，故俗称黄烟，用纸片包上烟叶即可使用，有的买现成的铜烟头，装上烟杆便行，吸时只要点燃烟斗，用力抽吸，烟味直接入口，味辣刺激性大，通常一锅烟能抽好几分钟，旱烟价格低廉，烟具携带方便，故为劳动人民所喜爱。1949 年后逐渐在农村普及。

70 年代以后，水旱烟基本绝迹，当时卷烟价格低廉。

90 年代至 21 世纪，烟的品牌名目繁多，价格差距悬殊，有的烟一盒竟高达数百元，相当于贫困地区一个劳力全年的收入。

第四节 居　　住

一、建房情况

50 年前老凹张村的住房条件大不相同。过去老凹张村农户大都是住的土墙草房，墙都是土堆起来的。

新中国成立后，人们在经济收入上虽有所提高，但是统购统销和合作化，农民还没有足够的钱建房，基本维持原有的水平，80 年代以前建造房屋以平房居多。

21 世纪，随着人们生活水平的提高，住房也由土房、砖屋向钢筋混泥土发展。房屋的内部装修，也越发讲究。

二、燃料、取暖、乘凉

在 20 世纪，村民做饭所用燃料基本上是柴草，炉子只是在冬天会用上一段时间。村房大多八九十年代建造，大多不吊顶，保温、隔热条件差，没有暖气、火炕。

2003 年前后，一些村民开始使用煤气，也有使用电炉子的，但耗电量很大。柴草仍是一些老年人家庭的主要燃料，中青年家庭一般是煤气和电器共用。2005 年前后村民用电饭锅，2010 年多用电磁炉，使用干净、方便，受到中青年人的喜爱，摆脱了过去烟熏火燎，呛得涕泪乱滴，满脸烟灰的灶前形象。

炉子一般冬天用，用蜂窝煤，当地称煤球，既可以取暖，又可以做饭。

炎热夏天，人们白天在树荫下乘凉，晚上拿着板凳、扇子在街上乘凉，几个百姓坐在一起拉家常，能坐到半夜。儿童在地上铺草毡、凉席睡觉，老年人坐藤椅打盹。20世纪90年代，家家有了各式电扇：吊扇、落地扇、台扇。2016年，部分家庭安装了空调，享受着四季如春的舒适。

第五节　出　　行

一、道路的发展变化

过去老凹张村内无公路、桥梁，交通很不方便。20世纪末，响应政府村村通公路的号召，道路改为柏油路，形成全村东、西、南、北6条柏油路面的主干道，大大改善了村子的交通面貌。

二、交通工具的演变

随着道路和经济的发展，人们的交通工具发生很大变化，逐渐向方便、快捷发展。新中国成立前后，长时间以来人们出行主要靠步行。慢慢有了木轮独轮车、铁轮独轮车，人们劳动、出行可以带儿童和少量物品。

自行车　1960年，张维峰买了一辆自行车，不少人都来看热闹，觉得人能骑在两个轮子上行走不栽跟斗，真是好本事。后来随着道路建设的逐步升级，70年代自行车在农村已逐步出现，但由于农民收入有限，买自行车的凤毛麟角；1983年实行家庭联产承包责任制后，经济水平提高，80年代末，自行车在老凹张村已经普及，差不多90%以上的农户都有一辆，有的人家有三四辆。

摩托车　1995年以后，摩托车在老凹张村民中逐渐出现，基本接替了自行车，一般一家一台，多的有几台。2005年，老凹张村民摩托车的户拥有量已在70%左右。

三轮车、拖拉机 20世纪90年代，三轮车成为村民出行和农用运输的两用工具，几乎家家有。农活多的家庭购买手扶拖拉机。

汽车、家庭轿车 21世纪初，汽车开始进入村民家庭，一开始是生产用的运货卡车，后来是轿车，拖拉机在不断减少。老年人上街都有代步电动车，学生上学用轿车、摩托车、电瓶车接送。

目前客运已全部为汽车。大张家镇有通往莘县的公交车，还有通往莘县、聊城、济南、范县的客车，县城有通往北京、上海等的客车。

2016年，全村拥有运货卡车6辆，轿车50多辆。

第十二章　风俗文化的变迁

民俗起源于社会生活中群众不断重复的不自觉行为，满足了群体的某些基本需求，逐渐规范并为人们广泛地接受与传承，积淀在五光十色的社会生活，是日常生活最为广泛的文化现象。中国是一个人口众多的多民族国家，各个地区和各个民族都有不同的风俗习惯。

老凹张村一代又一代民众以淳朴的民风沿袭发扬着丰富的民俗文化。生活习俗方面在称呼、耕作生活习惯等都有变化；宗教信仰方面对佛教、道教、基督教在继承的基础上发展；对中国传统节日习俗、婚丧嫁娶、庆寿等民间习俗继承其精华并发扬光大、去其糟粕，摒除陈规陋习，使古老的习俗文化更好地为新时代社会主义建设服务。

第一节　生活习俗的变化

一、过去当"宝"，现在为"害"

过去有句民谣"庄稼一枝花，全靠粪当家"，可见粪便在农业生产中占的地位多么重要。直到"分田到户"前的1982年，生产队对粪肥还很重视。随着农药、化肥的大量使用，农家肥逐渐被放弃。

二、炎夏不见乘凉人

过去每到炎热季节，傍晚各家都把凳、桌搬到门外吃晚饭，因为室内外的温差过高，吃完晚饭后热得不能进屋就寝，只能聚在场上乘风纳凉。乘凉是农村数千年来的习惯，也是大家聊天的好机会。夏天，每个村子都有人手摇蒲扇在乘凉闲谈，非常热闹。可近十年来，家家有电扇，有空调的人家也与日俱增，初步统计超过10%。电扇、空调打开，吃过晚饭看电视、睡觉，谁也不愿到场上去挨蚊虫咬。

三、大忙季节人不忙

自古以来，农民种地虽说是一年忙到头，但也有忙季闲季之分。集体化以后，"大会战"等把农民的时间安排得很满，年节都得下地干活。自从分田以后，情况完全变化，近几年，科学种田和农收机械化的程度提高了，一般收种每项活基本两三天，麦子收割用机械，一家超不过一小时，种麦撒下麦种化肥同样花不了一小时。

四、生产基地变成了消费市场

历来农村是人民生活中粮食、蔬菜、鸡蛋、鱼、肉的生产基地和供应基地。老母鸡下蛋自产自用，是农户油盐酱醋日常开销的小金库；蔬菜历来农家自己种，只有卖的没有买的。可目前在老凹张村，每天有沿门叫唤的各种小贩，卖鸡蛋一到，家家往回买，水果成筐提。蔬菜方面，自从实行大棚种菜和南菜北运以来，各种蔬菜都比农户自己种植的要提前两个月，故自己种的蔬菜不时新。蔬菜消费者除了小部分市镇居民，绝大部分是农民。老凹张村由"生产基地"变成了"消费市场"。

五、过去赶集买东西，现在是逛街

庙会、集市历来是农民购买农用物资和生活用品的物资交流处，新中国成立前，市场上大多是锄头铁耙之类的农用物资，很少衣服布料之类。新中国成立后，特别是从1954年开始棉布计划供应以后，由于农村的日用品平时供应不足，政府就利用民间风俗，借市场的机会组织各地的商业部门，到现场摆摊设铺进行物资交流。尤其是在物资紧缺的年头，商业部门在市场上拿出一部分市场上看不见买不着的东西，来吸引顾客，由于数量有限，故那时人们争先恐后排队购买，市面显得特别热闹，人们赶集、逛庙会其实是购物资。可近年来，由于市场繁荣、物资充裕。生产工具、生活用品，到处可以买到，人们不必等到集市时去买，市场上除个体商贩摆些小商品摊位外，多是服装商店。目前人们赶集的目的不是买东西，而是走亲戚会朋友，休闲逛街，促进当地文化交流。

六、过去自己出力，现在花钱雇人干活

过去在生产队干活时，一天只挣几角钱，外出干活一天能挣几块钱，有的人便偷着去打工，大队还专门派人监视，如果被抓到，挨批、挨罚。现在老凹张村民光明正大地去大城市打工挣钱，农忙季节许多笨重体力活都雇人干。

七、过去步行去镇上，现在开车

老凹张村离大张镇 5 里多地，20 多年前，人们大都步行。现在人们讲究效率，青年人动不动便骑摩托车，就是到村上小店去买东西几步路也得骑车而去。

八、"乡巴佬"翻身成顾客上帝

过去农民被讥讽为"乡巴佬"，乡下人多年受城市人轻视，走进商店要看服务员脸色，多问几句会得到白眼相待，冷嘲热讽，一万个瞧不起。改革开放以来，乡村工业和个体经济在农村蓬勃兴起，"乡巴佬"的钱袋子鼓起来，舍得花大钱买东西、进饭店，服务员把"乡巴佬"当成上帝。

第二节　宗教信仰民俗

一、佛教

明、清朝利用佛教从精神上来训化老百姓，一切要顺从天意，劝人死心塌地接受封建皇朝的统治。封建统治者发动各村、各氏族，都建庙信奉佛祖，每逢阴历的初一、十五，村里每户都得去烧香拜佛，听讲经诵佛，劝人为善。教诲村民顶头三尺有神灵，让村民不敢越雷池半步。20 世纪初，为拜佛、敬神而建的寺庙、殿堂分布于各地。

佛教传入老凹张村，历史悠久，时间也无从考证，村民普遍信奉佛教，很多民风民俗都与佛教有关。如逢年过节供奉祖先，人死后入殓、殡葬、烧香磕头等，无不与佛教有关。

20世纪20年代，兴办学堂，砸佛像。抗日战争期间，日军所到之处，寺庙多被焚毁，佛教活动被冷落。1949年后，佛事活动一度受冷落，特别是"文化大革命"时期，菩萨全被砸坏，公开的拜佛活动随之绝迹。

改革开放后，政府根据宪法规定，宗教信仰自由。政府批准重新修建部分古寺庙，富裕起来的人捐资建庙，吸引教徒前来参拜；部分中老年人在家设堂拜佛。

近几年来，村民对烧香念佛又热衷起来。民间的念佛活动多种多样，哪家有人生病，人们求佛爷保佑一方平安。2016年，村民不少家供奉佛祖、观音菩萨，过年过节、盖房动土、婚丧嫁娶、改善生活都要先敬神再行动。

二、道教

道教传入聊城地区也有相当长历史。他们有家室，尊江西龙虎山张天师为教主。以太上老君为教祖，以《道德经》为主要经典。平时生活习俗与普通人无异，只有在做道场时穿道士装束，擅长吹打乐器，以唱曲，画符、剪纸作为谋生手段。民间每逢出殡、"五七"、镇宅、追亡魂、驱邪，一般都请道士。新中国成立后，较少活动。

至2016年，在老人去世时，有的家庭条件好的请道士作法，使亡者超度，但不是太多。

三、基督教

入教者多数是身患疾病求上帝保佑者。教徒不信鬼神、不祭祖宗，壁上张贴耶稣像，吃饭前要祈祷，做愧心事要忏悔，在做礼拜时有牧师领着唱赞歌。一般村民对这些教徒另眼相看，特别是对他们不敬祖宗颇为反感。改革开放以后，莘县落实党的宗教政策，基督教又发展。近几年来，教堂修复，恢复活动。

2016年，村里有十多人参加，没有正式教堂，在村民家里进行祈祷。

四、宗教表现形式

庙宇　村里有两座庙宇。一座是位于南街中间的奶奶庙，庙里正中挂着三位神母奶奶像，两边站着娃娃，最左边的神母手里抱着婴儿。像前设香案，案前有跪席，供百姓叩拜之用。希望怀孕的夫妇在规定日期去烧香、上供品、放鞭炮，许下愿望；生下孩子后要烧香、上供，以还愿。还有一座庙宇位于前街中心街学校（现为村委办公室）东侧，供奉关公和财神像，百姓称为关爷、财神爷，保佑这方水土和百姓的平安、人财兴旺。

老人去世当天和出殡前，其儿女、亲友要穿孝衣去"报庙"。根据居住地点距离庙宇的远近，村民选择去哪个庙宇"报庙"。一般村南部、西南部居民去南街的庙；村西部、北部、东部居民去前街中心街的庙。

居民家里、乡镇教会　老凹张村基督教徒聚会点在村民张维甲的家里，其妻是基督教会负责人，墙上挂着两张耶稣神像和十字架，每周三、五和周日晚7~9点，教徒在他家开会、唱圣歌、祷告，张秀娥领唱。教徒孙记芬30多岁，是新生代代表，常用网络、QQ、微信下载新圣歌教大家唱歌。最年轻的小伙小强20多岁。笔者陪生病的母亲参加过一次，几个教徒面对十字架、耶稣像跪在地上，先是念经，然后唱歌，最后非常虔诚地哭着祷告、赎罪，保家人平安。

教徒每周末去大张家镇西仓教会聚会，或观城镇耶稣教堂。牧师讲经、唱歌、礼拜。牧师讲经过程中边讲教义，不时唱歌。中午聚餐，匿名随意捐5~10元午餐费，不交也可，午餐菜是每人一碗熬菜，馒头随便吃。

信教者中年轻人很少，多数教徒为身心有疾病，需要精神减压、渴望解脱痛苦者。以孙记芬为例，她曾是笔者20多年前的学生，初中毕业后经历波折转而信教，在教会认识了同龄男孩张庆安。庆安英俊帅气、身材高大魁梧，初三时脑干长瘤，没法手术，全国乃至世界没根治方法。眼睛失明，大脑失聪，寿命不定，他父母走遍全国求医无果，父亲累病去世，母亲天天哭。记芬在教会上认识了庆安，知道一切病情后愿意嫁给他，说他活一天我陪他一天，活一年陪他一年，不要任何彩礼。感动至深的爱情故事令人落泪，庆安的母亲一直哭着感谢主，儿媳妇是主送给的礼物。时至2016年的今天，庆安一直健康完好地活着，病情没再发展，他们还有了一双健康的儿女，女儿快高中毕业。记芬很能出力，冬天外出打工养家；庆安眼睛看不清，记芬带着他在附近砖窑厂干活，一边照顾家里土地，两人算一个人的工。庆安今天的健康正是爱情的写照，平凡的人创造了战胜疾病，见证了爱情、生命的奇迹。

第三节　传统节日习俗

一、春节

春节是民间最古老、最隆重、最受重视的传统节日。从腊月二十三祭灶，到正月十五元宵节。不同时期"过年"习俗繁简不一。

农历腊月八日始即准备过年，私塾放假，扛活的下工，已婚妇女回婆家，债权人讨债，腊八这天必须喝粥，俗谚："腊八粥，喝糊涂（杂面粥）。"

农历腊月二十三日，俗称小年、祭灶，是送"灶君老爷上天"的日子。村民傍晚将"灶君像"取下，焚化，祈求"灶王爷""上天言好事，下界保平安"。从这天开始为过大年做准备，哪天做什么，是约定俗成的。二十三吃大糖（粘糖），俗谚："年年腊月二十三，吃了大糖把嘴粘"，意即过小年了，天上神仙、祖辈、过世亲人都要回家，粘住牙，不要说晦气话，会给全家新年带来不利；多说祝福话，来年福分会应验的。

二十四，过年气；二十五，买豆腐；二十六，割块肉；二十七，贴柏枝（长青）。

二十八，贴花花给门窗换上新衣，挂族谱，供灵牌，蒸好年糕、馒头、大小包子，炸丸子、炸鱼、炸藕合等食品。花糕用枣和白面做成鱼、蝴蝶等各色造型，大花糕白面铺底，上面有枣、面合成的图案，写上福、喜等吉祥字，蒸熟后放在天神位前、祖神位前，拜年时亲友观看比较谁家的花糕漂亮，说明谁家女主人手巧。家家在堂屋正中挂上"轴子"（一张大纸，上面写着历代故去亲人的牌位），请已故亲人"回家过年"。桌上摆放鸡鱼肉等供品及桔子等供果，香炉内插三柱香。供桌两旁座位人们不得坐。大门外洒灰烬，以防乱鬼进门。院内搭设几个神棚，棚内设供桌香案，安放不同神的"天地牌位"，上书"天地三界十方万灵之神位"，同样有供品供香。

二十九，喝壶酒，去墓地招请祖先亡灵"回家过年"，喝酒祭奠。

三十，包饺子。三十是年终，万事俱备，全家吃团圆饺子。

除夕日，清扫院落，打满水缸之水。三十的饺子"剩菜不剩面"，即过年的肉馅不要用光。傍晚时分，所有过年的物品齐备，放鞭炮，吃饺子。之后不同群体可以充分享受自己的闲暇，找伙伴玩耍，长辈还要摆好供品供奉历代祖先灵位，包括各种肉食、瓜果、蔬菜。年轻人自行安排，从小一起长大的伙伴三五成群地聚在一起，喝酒聊天打牌一直到午夜，迎接新春的第一点。午夜时分就有了远近传来、不绝于耳的噼噼啪啪的鞭炮声。电视、互联网的普及使得人们生活更加丰富，观看中央电视台的联欢晚会成了媒体时代所有人的习惯。有的除夕夜通宵不睡称为"守岁"。

新春第一天初一凌晨时分，年轻人就起床，中年等大部分人凌晨三点左右起床，均换新衣鞋帽。放鞭炮、燃香烛、焚纸钱，煮好饺子先行供祀神像上玉皇大帝（俗称老天爷），天奶奶（老天爷的两位夫人），财神（保发财），灶神（保有饭吃），关公（保平安），井王爷（保有水喝），木工供奉鲁班神，有车的人敬车神，在车上贴"车行万里、一路平安"。就连厕所也有神——姜子牙的夫人。敬完天神再敬历代祖先牌位，跪拜，浇上饺子汤，口中念叨：诸位全神、祖先，今天过年，请受子孙一拜，保佑全家老少来年幸福安康。质朴的百姓笃信："顶头三尺有神灵""人在做，神在看"，多行善，少作恶。善有善报，恶有恶报，作恶人不是不报，时候未到。

尔后，全家共食水饺，若有亲人在外未归，家中也为之盛碗。碗中饺子不待吃尽即添，多吃几碗，哪怕每碗有一两个饺子，取意"有余"，吃的碗越多代表一生饭食源源不断。这顿饺子与平常不一样，饺子里包上4～6个一毛硬币（笔者童年常包一两分钱的），谁吃的硬币多谁有福气，在家做主，童年的孩子为了这个运气往往多吃好多饺子。吃出的钱币贴在灶神像旁边，等其自然落下。

饭毕，向自家谱轴子上的历代祖辈磕头，然后依次给长者爷爷奶奶、父母叩头，称为拜年。然后先向本族院内长者叩头拜年，尔后本院分男女集合，各有长者带领到外院祭祖拜年，并祝以"起得早""过年好""见面发财"等吉祥语。大街小巷到处可见去拜年的人，家家户户张灯结彩，老年人穿新衣，非常自豪地站在门口迎接自己应该得到的晚辈的磕头尊重，热情地拿出自家的特色点心、瓜果让晚辈品尝。

拜完年，天色渐亮。回各自家里稍休息，中午是全家大团圆，以男方为中心的各辈兄弟聚餐，拿来各自的特色美味佳肴，吃饭喝酒，辞旧迎新，即大年初一没外人；哪怕是闹过矛盾的，这天都能暂避隔阂融为一体。初一下午，亲缘关系较近、相距很近的亲戚开始走动，男性的血缘一系是一家人，不算亲戚；女性一系的亲缘算亲戚。拿着礼物到对方家里去，过去是自己做的包子等食物给长辈品尝，现代多从超市买营养品，给长辈的祖上和长辈本人磕头，长辈则留下以酒席招待。

正月初二到十五之前，是走亲串友的日子，小辈到长辈家，携带礼品随经济状况不同。新中国成立前后，主要以馍馍为主，好的蒸白面馍，差的蒸白面玉米面混合馍外加两包点心。20世纪70年代，走亲戚的所有礼品就是20个馍馍、几包点心、挂面。客人走时还要部分礼品放在篮子里压回去。80年代，经济条件稍好，又增加了馒头、橘子汁和白酒类。

90年代后，走亲戚拿干粮的习俗逐步被肉、鱼、中档酒、点心等取代，后来随着经济状况好转，演化到鸡、鱼、肉、酒、茶、点心，数量不等，视经济状况而定。

正月初二始，各家陆续拿酒肉、糕点等去给亲戚拜年，亲友家盛情款待，并收受部分或全部礼品，回敬于枣糕等自己家的特色礼品，一般不白接受别人礼品，哪怕再近的亲戚，即使是自家刚嫁出的女儿，因为女儿已经有了她的新家、公婆，多留礼物会显得娘家贪财不好；说明这方百姓非常重视礼尚往来，定有倒拜。

一般初二去娘家，对已婚女性来说，初一婆家，初二回门，新婚女性回娘家，中年女性没娶儿媳的也回娘家。娘家年夜饭为已婚女儿一直留着，女儿到家后先吃娘家饭，老辈规矩，女儿在婆家受气，不一定吃饱吃好。新婚一年以内的，女婿要在年前给岳父家送年礼，岳父母家专设酒席（一般为大件席）盛情招待，并由新女婿坐首席，乔兄弟、表兄弟作陪，视为"陪新客"。中老年女性以新娶媳妇娘家为主。

之后夫妇给女方历代祖辈、父母拜年，再后，由女方弟弟带领挨家挨户给长辈拜年。完毕后，娘家早已备好美味佳肴，酒宴开始。往往男同胞喝酒为主，女性一般不参与男桌饮食，而与孩子们单摆一桌。出嫁的姐妹不管路途远近，一年难得见几次面，有说不完的话。

初三是中老年女性娘家系列亲戚，姑姑、姨母。舅舅；再上辈亲戚；只要老人活着，一代一代人每年一次一直走着，你来我往，即可谓串亲戚来回串。有奶奶、母亲兄弟姐妹多的，一般每天去一家，上午去下午回，拜年持续十多天。

旧时到谁家拜年能吃饱饭、吃好饭，是老年、小孩的寄望。新中国成立后，过春节仍多沿袭旧俗。60 年代破旧立新，曾提倡节俭过年和团拜。80 年代拜年之风盛行，嗜酒成风。进入新世纪后，人们开始注重身体保健，渐煞酗酒之风，春节拜年主要在亲戚好友间，借年吃酒渐少。

正月初五，俗称"捏鬼嘴"，年后第一次"动生"，用生面包饺子，意义是天上、祖上诸神已享受完过年的美味佳肴、金银钱财，吃完最后一顿饭该回到他们该去的地方了，否则有些恶神会赖着不走，会给家里带来晦气的。

俗称"二五八要回家，三六九往外走"。初六开始，在外地城市工作、打工的人陆陆续续离开故土、返回工作岗位。初六、初九是外出的吉祥日子。离家上车前会放响鞭炮，为远离者送行。

21 世纪过年习俗未变，至 2016 年，各项习俗照旧，文化传统的继承发扬光大。

二、元宵节

农历正月十五日元宵节，起源于远古时代人们以火把驱邪的仪式，后演变成通宵张灯结彩，观灯取乐。唐代"元宵节"又称"灯节"。

新中国成立后，村里组织秧歌队、高跷队、玩花船等文艺节目于正月十五间演出。"文革"期间，大唱大演，各村都组织毛泽东思想宣传队，于春节、正月十五为群众演出。

80 年代后，挂电彩灯、霓红灯之家逐年增多，燃放鞭炮烟花也越来越时兴。

晚饭多食自制或购买元宵。是夜，家家购买各式蜡烛，扎糊灯笼，傍黑即点燃摆放张挂屋内外、院内外、巷间街道，处处灯火通明。老年人喜看灯花，设形状占卜今年丰收何种谷物。晚间，村里组织燃放烟花、摇花篮。

正月十五白天，全家做粘糕，用黍子面捏成各色植物造型，如麦穗、玉米穗、芝麻（寓意为节节高）等，意义为作物丰收；还有各种动物造型，如鸡鸭鹅、马牛羊、蛇代表龙等 12 生肖里动物，一定包含自家人的属性动物，一定要有鸭子，各种动物背上都捏出小碗，里面注入食用油，加上线做的捻子，鸭子背上捏个大碗，注入更多油。天黑时分点燃所有灯，各家都拿到街上，照亮自家财运路，也在评比谁家女主人手巧，做的花灯好。鸭子点上灯，放入水缸中用力转动，静止方向对着东南西北哪方，寓意哪里有水灾，老辈人验证的有时会应验。

花灯熄灭后，全村人在街口开阔地带各自燃放烟花，多为起火（点燃能飞很高）、两响炮（地上一响空中一响）、刺花（一种烟火，火焰逐渐上升到一两层房子高度），喜欢热闹的人会买很多烟花让众人放，吸引很多村民前来观看，火花带着人们的欢笑、欢呼，照亮人们的笑脸。近年来，人们生活水平提高，城里工作打工的年轻人购买五彩烟花燃放，没有集体组织，自行燃放，有时也出现年轻人炫富的亮点。

正月十六，有"走百病"习俗，现此俗仍延续。十六早上，大家都早起，成群结队的村民呼吸着新鲜空气到田野里行走，麦田踩麦根驱杂病，寓意不腰疼、不腿疼、不脚疼。踩完麦根后，都回家拿出自家柴火到路口一起烧，人们围在四周烤火。热气烤到身体哪个部位，一年不得病，烤头不头疼、烤背不背疼。在火中随意烧烤馒头等食品，人们相信这种食品吃过是包治百病的。之后，人们各自回家做早饭。早饭后，新出嫁女儿的等待女儿和女婿上门，这天出嫁的闺女回娘家探亲。

三、二月二

农历二月初二，俗有"二月二，龙抬头"之说，意为气候转暖，天将鸣雷，百虫欲出，家家吃炒豆，谓之吃蝎子爪，意为蝎子等毒虫被炒死。新中国成立后，炒豆仍相沿不衰。

初一傍晚，在院内外、房内外"围囤"，场院内谓"柴草囤"，宅院内谓"钱粮囤"，中间埋少许谷物象征五谷丰登，室内外撒灰，意在除害虫。现在年轻人不再用传统的柴火烧锅做饭，用蜂窝炉、煤气灶、电饭锅、电磁炉，没地方取灰，古老的习俗渐失。

四、清明节

为纪念春秋时晋文公的贤臣介子推所立。介子推跟晋文公流亡时无比忠诚，曾暗地里在自己身上割肉煮汤为文公充饥。文公当国君后，奖励群臣，唯独漏掉了介子推。介和母亲隐居深山。文公知道后派人请介出山，介誓死不从，文公烧山逼之，介和老母于清明节前一天被大火烧死。文公为纪念他，令这一天全国禁止烟火，吃冷食、喝凉水，派人带食品上山，到介子推坟前野祭，立"寒食节"。所以清明祭坟扫墓活动沿袭下来。传说介子推死时，所抱柳树后来复活，所以民间有清明节插柳的习俗，日出之前，户户在门前插柳枝，迎新春天到来。

清明前一天为寒食节，因与清明节相连，多把两节合称"寒食"，为扫墓祭祖之节，为三年内的亡灵烧纸，子女要带供品上坟，烧纸磕头，放声哭吊。唐代杜牧的《清明》诗篇："清明时节雨纷纷，路上行人欲断魂"，流传至今。

新中国成立后至今，机关学校多组织青少年祭扫烈士墓，借以介绍英雄事迹，进行爱国主义教育，珍惜今天美好的生活，努力学习，创造明天。

2008年清明节被定为为国家法定节假日，表达国家对古老传统的继承。

五、端午节

农历五月初五，又称"端阳节""五月端五"。为纪念战国时期楚国大夫屈原而设。伟大的诗人屈原投汨罗江殉难后，楚人在端午用竹筒贮米投江以示纪念，汉建武年以后，形成吃粽子、喝黄酒习俗，相传至今。同时南方有赛龙舟的习俗，意为乘龙舟寻觅屈原尸体。

此日，家家门前插艾草、吃粽子，幼儿手腕多带红布制作的辣椒、桃等，意为驱邪气、除五毒。老凹张村有早晨煮鸡蛋，中午吃水饺等习俗。

2013年，端午节被定为国家法定节假日。

六、中秋节

农历八月十五日，又称"团圆节"，有"八月十五过小年"之说。据说中秋之夜，月亮最亮最圆，秦汉时天子常在这天祭月，沿袭为中秋节。

节前，晚辈常向长辈送月饼，尤其是出嫁的闺女和订亲未娶的男孩，都要送"八月十五"，也称送"节礼"。晚上在院里摆月饼、水果"祭月"，合家团圆赏月聊天，分食月饼，有团圆、喜庆丰收之意。

20世纪80年代以来，节日送礼之风渐甚，除月饼外还有鸡、鱼、肉、酒、水果等。

次日八月十六，又是出嫁闺女回娘家日，一般是秋收时，给父母送去秋天收获，帮父母秋收。

2006年5月20日，该节日经国务院批准列入第一批国家级非物质文化遗产名录，自2008年起中秋节被列为国家法定节假日。

七、重阳节

农历九月初九，九为阳数，两九相重为"重阳"。战国时屈原有"集重阳入帝宫兮"的名句。历经两汉魏晋南北朝，重阳节成为一个很受重视的节日。到唐朝，皇帝诏令确立"重阳节"。宋元以后更是相沿不绝。明代从重阳节衍生出迎女归的习俗，故重阳节又称为"女儿节"。时因农活基本结束，也是长工结算工钱回家的日子。

村内以改善生活为主。除此，无其他习俗。1987年"九月九"定为"老人节"，村里80岁以上老人由村委会发送茶叶、饼干、白糖等物品，以示祝贺。

八、腊八节

农历十二月初八。"腊"是远古的一种祭礼，汉代正式定型。上起天子，下到百姓都把腊日当年来过。直到南朝初年腊日才固定。腊月初八，称"腊八"，是日，也是佛祖成道日。据说，释迦牟尼因修行饿倒，一位牧羊女以粥相救，后用河水沐浴，在菩提树下修成正果。因此，民间有食"腊八粥"的习俗。时至宋代，寺院及百姓煮粥互相馈赠。此日百姓习惯用醋泡大蒜，谓"腊八蒜"，以备春节食用。

第四节 人生礼仪习俗

一、生育习俗

生孩子俗称"坐月子"。产后，男方到女方娘家及亲朋好友处"报喜"，方法是婆家婶子大娘擀好很多面条，派族里人送到娘家，即"送喜面条"，向娘家报喜"母子平安"，并定好哪天摆酒席、大宴宾客庆祝孩子的出生和添丁进口的欢喜。一般孩子出生后第 6 天、第 9 天吃"喜面"。吃面时亲朋携带鸡蛋、挂面、大米、红糖及幼儿衣帽登门祝贺，娘家人根据亲缘远近、拿鸡蛋多少，作为以后随份子的参考，后来都习惯给孩子"见面钱"，孩子奶奶家设宴款待。

20 世纪 80 年代以来，"吃面"之风日甚。随着计划生育的实行，孩子越来越少、越来越珍贵，为了表达对新生孩子的欢迎，给产妇、孩子的礼物和钱越来越多。

二、婚俗

在传统的观念中，男女双方都视结婚为是终身大事。父母为子女娶亲完备是头等大事。

新中国成立前，男女婚姻讲究"门当户对"，遵从"父母之命，媒妁之言"，男女双方没有婚姻自主权，因此，早婚、童养媳、娃娃亲、换亲、买卖婚姻普遍存在。婚后男尊女卑，男有"休妻"之权，女嫁只能"认命"。男子可续妻纳妾，女子改嫁则视为"不节"，富家男孩十余岁娶妻，男小女大，故有"女大三，抱金砖"之说。贫家娶妻晚，或招童养媳，男大女小，另有"男大知疼妻"之言。新中国成立后，国家颁布了《婚姻法》，反对包办婚姻，提倡婚姻自主，人们的婚姻观念逐步提高，但婚姻礼俗作为一种文化习俗，一直沿袭下来。

结婚程序十分烦琐，包括：说媒、合媒、换生日、送婚贴、完婚。

孩子到了十六七岁，一般有热心人上门为孩子"提亲"介绍对象，俗称说媳妇、找婆家。提亲后，双方家庭互相了解情况，双方若有意向，由媒人约定时间地点，让男女双方见面。见面时，女方在家等着，女方父母亲属参谋男孩身高长相，男方则要备好女孩亲戚的见面礼，男孩给所有男性亲戚散烟，给女性亲戚喜糖吃，男女交谈了解。若交谈投机，双方没有意见，男方要交给女方钱，称见面钱，类似于订婚，钱数从几十、几百逐年增加，现在可能几千上万了。

之后每逢节日过年，男方都要到女方家送节礼，钱数规格也越来越高；每隔一段时间，女方会托媒人捎信约男方去集日购买物品，一般女孩看中什么随便拿走，男方在后面付钱，不许讲价，显得小气。随着生活水平提高，节日礼品物品越来越贵，男方花费越来越高，女家互相攀比，常常在结婚前男方花费得几万了。

个人长相好、家庭条件好的男孩不愁，越是长相不好、家庭条件差的男孩越是难找对象，家长也就越急。计划生育政策规定头胎如果是男孩，就不许要二胎，头胎是女孩可以要二胎。这方土地男孩传宗接代思想很厉害，头胎是女孩者，会想各种办法，直到生下男孩。这样就使得男女孩的比例为1.5∶1，女孩越来越少，男孩越来越多，男孩娶媳妇成本越来越高。21世纪，女孩要的物品更高，要求有车有房的。给儿子娶媳妇搞得很多家长筋疲力尽，有的不得不民间借贷。

抄生日即根据双方生日，定下结婚吉日。结婚前新房子要盖好，室内床铺、家具、家电等一应都是男方购买，送到女方家，一般女方作为嫁妆，结婚日带来。

结婚前日，在堂屋正中"挂帐子"，把随份子的亲友街坊按名字、钱数列清单张贴墙上，以表众人的祝贺，同时以备主家将来还礼之用。

女方亲友、邻居带钱物去道贺，称"添箱"。族内婶子、大娘、嫂嫂为其收拾行李，做很多床被子，以几铺几盖判定娘家陪送嫁妆多少，女方父母在柜中放上钱，称为"压柜钱"。

完婚之日，新郎官在家里等待，娶亲工具从轿子、马车、自行车，到21世纪用几辆、几十辆轿车迎娶新娘。安排一男童带着一公鸡，称"携鸡"，意味吉利。红灯笼高照前导，吹打乐队紧随其后，到女家迎娶。新娘头戴红布，由族内叔、舅、哥送，婶婶或嫂子称为"送女婆"，把新娘和嫁妆一起送到婆家。女方男童带一只母鸡，轿有弟辈压轿。鸣鞭炮，女秀接新娘，燎轿，到堂前。经过桥、河、庙要扔下钱币敬神辟邪。娶亲队伍走近婆家村庄大放鞭炮，新娘到村口、胡同口都要放鞭炮。抱公鸡、母鸡男童下车。新娘在车中等待持火把者绕轿、车三圈，婆婆摘下新娘头上戴的花，也要给钱，俗称"摘花，一百八"。新娘下车，在伴娘搀扶下进入男家，新郎等好行礼。堂屋外天台上烧好香，为敬天神，公婆分坐在右，新郎新娘行"一拜天地""二拜高堂""夫妻对拜"礼后进入洞房，新郎掀去新娘红盖头，吃"宽心面"、饮"交心酒"。礼毕，放鞭炮，酒宴开始，设宴招待"亲家""男送婆""女送婆"及贺喜亲朋好友，女方亲戚、新娘席位为贵宾席，一般"三八八"加大件，上三次菜，每次都是八个菜，一次比一次高档，最后鸡鱼肉，取大吉大利。

酒宴结束，女方亲戚回去，对闺女嘱咐几句，看着自己亲友都走，留下自己在一个陌生家庭，多数新娘忍不住流泪。

当晚，青年闹喜房。新婚第二天上午，男方婶婶、嫂嫂带新娘到男家近门长辈逐一认门，一般都给钱。第三日新郎新娘回女方娘家认亲，女方娘家宴请宾客，从此男女成为真正一家。

20世纪60年代后期，由婚前的换小贴演变为见面。男方要携带衣料、现金、酒、肉等礼品，到女家或请女方到集镇饭店做客，兼付聘礼和结婚用品。70年代后期，嫁妆除常用家具外，男方要为女方购置"三大件"：自行车、缝纫机、手表，尔后发展到录音机、电视机、摩托车。80年代以后，时兴女方向男方索要新房独院、迎娶钱、嫁妆等，一般农户娶一房媳妇常被搞得负债累累。20世纪末，"三大件"为冰箱、彩电、洗衣机，到了21世纪，"三大件"变为电脑、车、房。

三、祝寿

祝寿就是庆祝老人长寿。旧时为富家之举，称"过生日"，有钱人家从30岁便开始庆了。一般的从50、60岁开始。贫家则多"忘生"，多大年纪都不庆寿。新中国成立后过生日较为普遍。古有"六十六吃块肉，七十七买只鸡"的说法。父母66岁或77岁时，儿女至亲为老人祝寿，晚辈置办酒席、寿糕、寿面，全家围坐聚餐，向老人敬酒，敬酒词多为健康长寿、言祥如意。老人的本命年一般由儿女买红色衣物，祝愿父母安康。21世纪，传统祝寿方式也城市化，点燃"寿烛"、许愿、唱"祝您生日快乐"

歌渐兴。

庆寿的形式多种多样，有的是大摆宴席，诸亲好友前来送礼庆贺；有的是全家聚一聚给邻居端碗寿面。一般的端寿面都得由女儿花钱，儿子只管办酒。以前庆寿只要给邻居端碗寿面就行了，现在除了端面还得送糖块、水果之类，花样繁多。村邻在接受送来的礼物时，回送鸡蛋、糖块之类物品。

四、丧葬习俗

1. 葬俗仪式

旧时，传统丧葬习俗为木棺土葬，富有之家多筑砖石结构墓室，并于葬后刻石立碑，以记述死者姓名及生平事迹。贫家则以草席卷之入葬。富家给年过60岁的老人预做寿衣、寿棺，以防不测；贫家则临时置办。人死后，穿寿衣、置灵床、发讣告，亲友送丧礼、挽幛、挽联。停灵一般1天或3天，孝子及五服内晚辈戴孝陪灵。富有者请僧道念经超度，聘鼓乐吹奏致哀。

病人弥留时，子女守护送终。咽气后，大门外挑放一打灰色草纸，以示家中有人亡故。随后找村里明白人办理丧事，即刻安排族里人通知至亲，向已出嫁的女儿家里报丧，出嫁姑娘即刻回娘家奔丧。

院内堂屋前放纸扎的楼子，楼子前有亡故人照片，前放置一大桌，桌上摆满五排、每排五盘猪头、牛羊头、糕点等食物供品，桌两侧白色长明蜡烛。院子地上中间铺草苫或草席，供前来吊孝的宾客祭奠，磕头、作揖、跪拜，两侧铺秫秸秆草，族里远一些的男子分跪两旁陪哭。

尸体安置在堂屋正中灵床上，上覆盖被子、草纸蒙面。头前供有长明油灯（现多用白色蜡烛）和油饼供品，儿女侄子戴孝，在灵床两侧地面上铺草、烧纸、恸哭，凡有前来吊孝者，齐声痛哭。子女侄子晚上在尸体两侧和衣而睡，最后陪伴老人两天，称为"守灵"。

女性亲戚来时，哭着进丧家，楼子前磕头，进入室内灵床前磕头，所有陪灵人烧纸齐声大哭。

第一天傍晚，所有亲戚哭着从逝者家里去奶奶庙，称"报庙"。报庙回家后要入木，即把死者尸体由灵床放到已经准备好的棺材里，儿女给逝者净面。之后死死地钉牢棺木，逝者告别世间，从此阴阳两界隔绝，儿女再也见不到逝者，儿女会号啕大哭、恋恋不舍最后看逝者一眼。

第一天晚上，楼子两旁各坐一问事人，孝子（儿子）祭奠，之后，男子从青年到老年辈分低者都要一一祭拜，有"三拜九叩"，作揖为拜，磕头为叩，作揖后跪下磕三个头，然后起身，作揖再跪，拈三柱香、洒三杯酒后，交纸帛，后一个头再起，再作揖，再磕三个头。作揖时双手举过头顶，俯身跪下磕头时痛哭流涕，以至泣不成声，两旁问事人再三拉起为感情深、悲情痛。到深夜，儿女侄子孝眷留跪在灵棚两侧守灵。

第二天，同村人生前好友去吊孝，一般工作人员三鞠躬，村民作揖跪拜，然后孝子磕头谢客，两旁跪拜的亲友陪哭。女婿祭奠要由自家长辈"领祭"。祭客一般在祭奠结束后要到灵棚里哭两声，然后由孝子磕头谢客，晚辈要磕头还礼。事毕，同丧主配偶稍坐安慰。

第三天发丧。当日上午，该来的亲戚、儿女，侄儿、侄女及其父母，都来祭奠。出殡前，亲友和孝子到灵棚再行祭奠，称为"家祭"。送棺木到坟地土葬。

大约中午前，孝子将祭桌子前用于烧纸的陶盆摔破，称"摔灵盆"（有谁摔灵盆谁继承财产的习俗）。出殡时，孝子拄哀杖，拖鞋佝偻前行，子侄外甥扶孝子，五服内晚辈随后，且行且哭。全家组成的送丧队伍再去庙宇最后报庙，跪在庙前痛哭半小时。这期间专人已把装着逝者的棺木从家里拉出，放到专门送葬车上。由孝子、亲友按亲情远近在街上再行祭奠。之后，全家从庙宇直接哭着去坟地，后面跟着放着哀乐缓缓行驶的灵车。

下葬前，送丧亲友作简单祭拜后围在坟地周围哭，儿女痛哭挽留，有的儿女拽着棺材不让下葬，也有孝子贤孙哭得跳入坟坑，众人费力拉出。此间孝子抓土围坟正转、倒转三圈，称"圆坟"。之后在亲戚的哭声中棺材被土埋，再堆上高高的坟头，前面留几个砖留出的风道，儿女过后祭奠时烧纸时地方，大概是逝者的门。1975年后始兴火葬，多在火化后将骨灰置于棺木内再行土葬。棺材放入坟坑中掀开盖，拉出尸体放入事先等好的火化车上，这期间儿女、至亲女眷难以接受，常提前被问事人支走。族内青壮年男子陪着去莘县火化厂。回家者进大门时先吃米糕，然后吃午饭。饭后，亲戚陆续回去。四五点钟火化车回来，族里年轻力壮者把骨灰埋入坟墓。晚上，丧主及族人招待"忙人"以示谢意。丧事就此结束。

逝者死去的第一个七天是一七，也称头七，子女也常到坟前烧纸，以示对故人的怀念。有三七、四七、十七、百天，子女上坟烧纸的习俗，孝子、孝女及孝眷亲友至墓地祭奠哀悼，焚烧纸钱及纸扎房子、院落、摇钱树等。一周年、三周年、十周年"请回家过周年"等。

80 年代以来，旧丧葬习惯有所滋长，有条件者兴"大发丧"，仅丧局花费少则数千，多则上万。21 世纪，国家提倡丧事从简，节省了人力物力。

2. 丧葬改革

对于丧葬中的一些风俗习惯，新中国成立后强烈主张丧葬改革、丧事简办。之前谁家有丧事，不管是否是有亲戚关系，是否同祖同宗，都得派一人去参加"吊孝"，吊孝者都得吃一餐饭，起码十多桌酒席，有钱人家不难，贫穷人家是一笔可怕的负担。丧葬改革一直延续至今，倡议丧事简办，避免铺张浪费。

由土葬改火葬 过去，人死了睡棺材，有财有势的人买楠木之类抗腐烂的木材，希望自己死后的尸体能长久不烂，没有子孙的出家和尚才死后火化，人一死就烧成灰是大逆不道。农田里的坟墓越来越多，不但大量侵占耕地，而且还给农田的耕作带来很多不便。

新中国成立后，党和政府对此事给予高度重视，采取了一系列的措施。70 年代实行火葬，由于封建的传统观念太深，村民还是按照老习惯进行土葬，田地的坟墓仍日益增多。

经过基层政府工作者艰辛的付出，火葬在老凹张村早成定局，多数百姓已经接受。2010 年前后，人们经济地位提高，使得个别有钱人大办丧事，人们随份子、仪式隆重，互相攀比。

丧事简办 丧事从简，减轻不少死者家属负担。村里几位老同志以老年协会的名义出面，倡议丧事简办，由老年协会起草印发"丧事简办倡议书"。

2016 年，在政府反腐倡廉的提倡下，丧事从简已成为文明新风，大家都逐渐意识到与其在老人死后风光排场，不如老人在世时多享点福。国家在职干部、党员带头执行国家的火化政策。丧葬改革正朝着合理化、丧事简化发展。

第五节　陋习流弊

一、传统流弊

过量抽烟、喝酒　村里至今有抽烟的习惯，两个成年男子见面要让抽烟，不让抽烟为不懂礼，不接受抽烟为不热情，除非说戒烟了。两男子到任何一方家里一定要喝酒，旧时以粗菜、散酒、旱烟为主，随着生活水平的提高，烟酒菜肴档次也越来越高，从饭店定菜或去酒店喝酒。

傍晚或冬天农闲时，几个男人聚在一起比着抽，搞得房间里云雾缭绕，烟味呛得没法呼吸，妻子儿女被烟熏得气管也有炎症。指甲、牙齿被熏得发黄、发黑。本村男子老年很多得严重的气管炎、支气管炎、肺痨，当地人称痨伤，尽管知道危害，此习惯至今未改。

热情好客、豪爽义气、亲情交流无可厚非，但是抽烟喝酒过于厉害就是陋习了。喝酒讲究感情深、一口闷，一醉方休、不醉不归，加上有些表兄弟激将法："不喝、喝浅杯是瞧不起我、不给我面子。"成年男人过年几乎天天喝酒，加上朋友的宴请，一天连着几场酒，几天下来多喝坏了胃。为了身体健康、人身安全，酒场变战场的陋习必须得改。

缠足　旧时，视女子脚小为美。女孩六七岁开始用布条缠足，俗称"三寸金莲"，致使足骨变形。成人之后，脚又尖又小。辛亥革命后，缠足陋习逐步革除，缠足者开始放足。新中国成立后此习根除。笔者的奶奶就是小脚，童年贪睡，倍尝奶奶用尖尖的小脚踹屁股叫起床的厉害。

童养媳　俗称"团圆媳妇"。新中国成立前，多为女方贫寒，无力抚养，为寻求活路将未成年女子嫁出。凡此，男方都比女方大若干岁或有生理各方面缺陷。童养媳在婆家多受欺凌。新中国成立后实行新《婚姻法》，此习绝迹。

换亲　多为男方家贫或其他原因难寻配偶，无奈经媒人与双方家庭协商，彼此将女儿交换作媳妇，称"两换"。有的三方或四方转换，称"三换"或"四换"。新中国成立后此习渐少。

近亲结婚　旧时人们不知道近亲结婚的危害，常以亲上加亲为男婚女嫁的首选。村内姑娘亲、姨娘亲多见。20世纪80年代以后，《婚姻法》明令禁止。

守节 男方死后女方不嫁，为守节。未婚丧夫、初婚丧夫一生守节，常为其立节孝碑或贞节牌坊。旧时讲究传宗接代，婚后无子或未娶者常在兄弟或近族中男孩过继为子，以尽赡养义务和继承续后之责。原则是先近后远，过继时要立继单，由族长或族中权威人在场作证。新中国成立后，随着社会的进步，过继流于落实赡养责任的一种形式。

二、迷信巫术

占卜相面 旧时，人们遇有病祸之事，往往占卜算命，以预知吉凶。占卜者，以生辰八字推断祸福，或以察言观色、褒贬面貌揣测吉凶，还有的采用叩签、抽签、测字的办法预人未来，用听口气、揣心理、瞎吹捧等手段，哄骗钱财。此习新中国成立后曾一度绝迹，1980年后复现。20世纪90年代以后，随着现代科技的迅猛发展，电脑普及，青年人一般不信。

看阴阳宅 旧时村民建房、置地、立坟，请风水先生选址，以求家业兴旺，造福后代。但迷信程度也受到经济条件的限制。新中国成立后破旧立新，此习淡化。

求雨 旧时，遇有大旱，村庄内有人自发组织在一个家庭，据说神降服在人身上，他说些人听不懂的神话，村民祭祀、烧纸、焚香、献供，祈求降雨。新中国成立后此习渐除。

送祟 长期以来，人们缺乏科学知识，为除医患，避灾祸，请巫婆神汉施以巫术，祈求神灵保佑，平安度难，其术花样众多。青少年、幼儿身体虚脱，有些病者久治不愈，迷信人认为鬼魂附体，成为"得祟骨"，请巫婆神法送祟。随着科学发展，此陋习渐无。

叫魂 生病、自杀寻死者，若尸体未僵尚有救治希望，村民不找医生、不送医院，而是派人坐到屋顶上边敲击锅底或盆底咣咣作响，边喊："×××来了吗？"下边应声："来了"，反复喊叫，称"叫魂"。此习1985年前多见，近年来，人们就医意识提高，有病去医院就诊。

冥婚 旧时，未婚子女死后，父母托媒人为死者说媒，以完成生前未了的婚姻大事。结亲后女方家庭置办纸扎"婚嫁"，从墓地起出棺材，婚配。有的还要立嗣继承财产。此习新中国成立后渐除。

忌讳 新中国成立前，村内忌讳甚多，迷信色彩较浓。新中国成立后，一些忌讳仍在沿袭。如正月初一不动针线剪刀，家禽要圈于窝巢，不能泼水，不能扫地等；清明、七月十五以及十月初一不能探亲访友；下午不能看病人；喜庆以红为上色，忌白色；婴儿起名不能同长辈同音；父母去世三年内忌贴红门联；待客或赠礼忌单数；喜庆之际不能说不吉利的言语；妇女产后或流产后未满月不能串门等。随着科学的发展，忌讳渐减。

21世纪，缠足、童养媳、近亲、求雨、看阴阳宅等陋习早已取消，守节有改进但仍存在，中老年女性在丈夫去世后多数孤身度过下半生，而男性无论哪个年龄段丧偶很快找配偶；但冥婚、占卜等陋习仍存在，个别地方还呈死灰复燃之势，这些封建糟粕应该彻底取消，继之以新社会文明和高尚道德情操。

第六节 方 言

老凹张村西临河南省，北、东、南都属山东省，形成了鲜明的地域性语言特点。方言在周边有其代表性，融合了两省特色。方言属中国北方话语系，山东特点，近似普通话，发音方法规则与普通话相同，但声调不同。中小学生语文课考试声调，多年教学经验的语文邓九粉老师经过多年分析比较总结出规律："三一四二"，即当地方言的"一二三四"声调，对应普通话的"三一四二"声调，学生套用很准确。比如"我爱你"当地口音发一三一声，普通话发三四三声。

一、语音特点

1. 声母、韵母基本与普通话相同

声母 x读作s，j读作z。x与u相拼，x读作s；雪xue读作sue；西xi读作si；姐、接、借jie读作zie。h读作f；水、睡shui读作fei；说shuo读作fe（个别人）。

韵母 ai读作ei 百、白bai读作bei；笔bi读作bei。累、雷lei读作lui；乐、勒le读作luo。脚、角jiao读作jue。色、涩se读作shei。

2. 儿化音重

方言儿化音的一个显著特点就是以 ang、eng、ing、ong 等为韵母的字，发音时受音节末尾卷舌动作的影响，原音节的音素发生重要变化。如前面带"小"字和"羊、庄"等字搭配均儿化，竟分别与"牙儿、抓儿"等读音变得完全相同，这与普通话有很大差异。

表 12 - 1　老凹张方言与普通话对照表

例字	普通话儿化	老凹张方言	韵母变化
羊	小羊（yang）儿	小芽（ya）儿	ang 变为 a
庄	小庄（zhuang）儿	小抓（zhua）儿	uang 变为 ua
树	小树（shu）儿	小顺儿（shui）儿	u 变为 ui
猪	小猪（zhu）儿	小追（zhui）儿	u 变为 ui

二、常用土语

表 12 - 2　老凹张常用土语表

老凹张话	普通话	老凹张话	普通话
今门儿	今天	搂饭	做饭
明儿里	明天	糊涂	粥
过明儿	后天	没好心眼子、孬	坏
大过明儿	大后天	刺毛、差劲	不好
头上午	上午	家什	家具
黑喽/黑下/横上	晚上	布袋	衣袋/口袋
将才	刚才	摔轱辘	摔跤
客（kei）	客人	胡花	乱花钱
差不离儿	差不多	下脖子	下冰雹
堵料龟儿/堵料牛	蝉	藏猫跟	捉迷藏
小虫	麻雀	咋呼	爱说话
长虫	蛇	嘀咕	背后说坏话
酒瓯	酒杯		

续表

老凹张话	普通话	老凹张话	普通话
过年	明年	老鸹	乌鸦
年时（个）	去年	虼蚤	跳蚤
		牲口	家畜
腮帮子	面颊	眼生	生疏
有喜了	怀孕	拐古	固执、耍诡计
电棒子	手电	钻接/巧	聪明
公母俩/国门俩	夫妻	得劲	舒服
天西	下午	不搭腔	不理睬
晌午歪	中午刚过	细发	仔细
晌午头儿/二八晌午	正中午	大哈	大咧、不拘小节
家西	村西	把瞎话	撒谎
家东	村东	糊弄人	骗
家北/后	村北	不准头	不可靠
家前	村前	恶心/恶盈	讨厌
河崖	河沿	长果/罗深	花生
兜地儿、走地儿	地面	夜猫子	猫头鹰
清起来	早晨	草鸡	母鸡
扫帚星	彗星	骚虎	公羊
月门底儿	月亮	草驴	母驴
热地儿、柔地儿	太阳	牤牛	公牛
旺相	健康	茅子	厕所
姥娘	外祖母	喝汤	晚饭
娘	妈妈	堂屋	北屋
爹	爸爸	当街	外面街道
俺	我/我们	当院里	庭院
花里胡哨	五彩缤纷	扑土岗天	尘土飞扬
格拉拜子	膝盖	揍买卖	做生意
叨、叨、叨（菜）	吃菜	各气	吵架、生气

老凹张话	普通话	老凹张话	普通话
盖提	被子	堤搂着	提防
铺提	褥子	推头、剃头	理发
趣黑	很黑	洋湖	时髦
二级（眼）	愣头青、冒失	严实	隐蔽
多咱、啥时候	何时	串篮子	串亲戚
拉呱	聊天	咯燥	烦躁、热
截子	尿布	胡罗罗	胡闹
麻利	利索、敏捷	鼓轮儿	轮子
聒的慌	噪声大	梢	水桶
歇着	休息、睡觉	拾到、拾掇	收拾
没见	没了、消失	翢能	逞能
哪合里	哪里	犀利撇扯	不正经
舔腚	拍马屁	溜呵	浪荡/不正经
犟嘴	顶嘴	溜溜呵呵	浪浪荡荡

三、称谓

曾祖父，称老爷爷，再上辈在最前面加老；曾祖母，称老奶奶。

祖父，称爷爷；祖母，称奶奶。

父亲的男长辈称爷爷，女长辈称奶奶：

父亲的姑姑、姑父，称姑奶奶、姑爷；父亲的姨、姨父称姨姥娘、姨姥爷；

父亲的舅舅、舅母，称舅爷爷、舅姥娘。

父亲的哥哥，称伯父，按排行称大大爷、二大爷；伯母，按排行称大大娘、二大娘。

父亲的弟弟，称叔叔，按排行称二叔、三叔；婶婶，按排行称二婶、三婶。

父亲的姐妹，称姑姑，按排行称大姑、二姑；姑姑的丈夫，按排行称大姑父、二姑父。

母亲的男长辈称姥爷，女长辈称姥娘。

母亲的姨、姨夫称姨姥爷、姨姥娘；母亲的舅、舅母称舅姥爷、舅姥娘。母亲的姑姑、姑父称姑姥爷、姑姥娘。

母亲的兄弟，称舅舅，按排行称大舅、二舅；舅舅的妻子，称妗子，按排行称大妗子、二妗子。

母亲的姐妹，称姨，按排行称大姨、二姨。

父亲的兄弟的孩子是堂兄弟姐妹，也称哥哥、姐姐、兄弟、妹妹。

丈夫的父母、兄弟姐妹从丈夫称呼，丈夫哥哥称大伯哥。

妻子的父母称大爷、大娘，对外称老丈人、老泰山、岳父和丈母娘、岳母；妻子的兄弟姐妹从妻子，对外称呼妻哥称大舅哥，妻弟称小舅子、内弟。

公婆对儿媳的称呼，旧时按儿子排行称老大家、老二家，或按儿子名字称＊家，现在多喊名字。

夫妻之间现在多称呼名字，旧时称丈夫为当家的、外头人、孩他爹；称妻子为家里的、孩他娘。

对晚辈儿子昵称小儿，女儿爱称妮儿、闺女，女儿丈夫为闺女婿；兄弟孩子为侄儿、侄女，姐妹孩子为外甥、外甥女。

友人　旧时多称兄弟，大哥、大姐、大兄弟，大妹妹，新中国成立后男女老少多称同志——北京到南京，同志是高称。21 世纪，对老年人多称大爷、大妈、大姨，中年人称大哥、大姐，对年轻人多称小伙子、帅哥，美女、靓妹。

连襟　称姐夫、妹夫，对外称两乔或乔兄弟。

四、客套话

长幼、乡邻、同志、朋友相见多问"吃饭了不"，别人从自己家门口经过，常说"到家来喝水"，路遇熟人后常说："给你父母（有年纪的）捎个好。""有空上我家玩，到家里喝二两。"

问候老人　身体好不？旺相不？吃饭行不？小孩们好不？

挽留一会儿　吃了饭再走；好长时间不见了，轻易到不一块，说啥也不能走，简简单单地喝口水、吃点饭。

推让　咱是外人呀？

请求 俺想叫您给俺帮个忙，麻烦您费心

谢意 麻烦您真不好意思！叫俺说什么好呀！这个事多亏了您！您真好，帮这么大的忙！

送人情 有事儿吱声，别不好意思，咱只要能办的，好说。

安慰 人得想开，没过不去的坎儿、别和自己过不去；别跟他一般见识；事儿摊身上没法儿，谁家没点事儿呀；已经这样了，也别往心里去；不为这个、为那个。

第十三章　人　　物

老凹张村自明朝迁民居住此地，几百年来世代务农，民风淳朴，没有出过大官、商人等著名人物，也没有出过状元、榜眼等文人。新中国成立后，有革命家兼政治人物张宪增、张先成；改革开放以来出过经济人物张先旺和他的子女；军人有抗日战争英雄张家银、对越自卫反击战英雄张绪交；教育人物有张先宝；艺术人物有张绪斌；还有知识青年徐清珍，双硕士张书君……激励后代人继续奋斗，在各行各业再创辉煌，长江后浪推前浪，一代更比一代强。

第一节　行政人物

张先法（1910～1980年）　1958年任大吕海营会计，撤营后在村委任职。

张先荣（1915～1985年）　1958～1962年任村支部书记。

张维峰（1915～1986年）　1954～1962年在孙庄乡、蒋庄、孟秋寺任大队干部。1962～1965年任村支书。

张先义（1917～1976年）　1955年任村高级社社长。1958年任大吕海营营长。

张重信（1920～1994年）　1955年任村高级社副社长。

张维甫（1925～1997年）　1955～1984年任大队会计。

张重友（1933～　）　1953～1989年任村支部副书记。

张金聚（1934.8～2013）　任村支部副书记多年。

张绪友（1936～1994年）　1959年任大吕海营营长。1966～1994年任老凹张村支部书记。他在任28年，可惜没到退休就在办公室里去世了，

年仅 59 岁。❶

张先同　1952 年出生，1977 年当兵，1979 年去越南战场，当年 10 月"火箭"入党。张先同是后勤兵，死里逃生。复员回乡后，1994～2011 年任村支部书记。

张占华　1976 年出生，中学毕业后在家乡奋斗。2007 年入党，同年 12 月进村委，被选为村民兵连长。2011 年，35 岁的他被选为村主任、村支部书记，成为全镇有史以来最年轻的村主任。

张绪仁　1948 年出生，当过多年会计，现 60 多岁，对村里所有数据记忆深刻，如土地亩数、河流、桥梁、街道、人口、家庭户。1987 在儿童抽样调查中获得奖状。1983 年 3 月当选为村民委员会委员。1996 年 5 月被评为莘县金融秩序社会监督员。2000 年 3 月获大张家镇计划生育先进工作者称号。2016 年为大张家镇药品信息监督员。

历任村委成员：

会计　张重席、张维甫、张绪朋、张绪美、张绪仁、史乃刚

民兵连长　张维平、张绪官、张绪领、张怀重、张占华、史乃刚

妇女主任　亢玉娥、王桂英、陈焕美、史爱梅、邓春英、李自钦、王自娇

第二节　经济人物

张先旺　1945 年出生，1993 年，女儿读大二、大儿子永刚读大一时，张先旺做出一个重大决定，全家卷起铺盖卷去北京打工。对一个世代以农业为本、土地为根、农业为主的家庭来说，抛家舍业去北京漂泊，张先旺做出了多大的取舍，下了多大的决心，和闯关东那一代人精神一样。当时在全村引起巨大轰动。

初到北京，靠着远房姐妹亲戚，在北京市丰台区花乡巴庄子——京城很偏僻的郊外村庄租一大间平房，条件还不如家乡好，搭几张床铺，一家

---

❶ 整理老人资料时，只有一张遗像。当地风俗是，人一旦去世，他的衣物等都随之火化或埋入坟墓永远陪伴他，减少后人睹物思人的痛苦。

人吃喝睡都在这里，风吹不着、雨淋不着就可以算有个家了。小儿子永杰留在老家上初二，几个月后不得已辍学来京与父母团聚。尽管条件艰苦，但一家人很乐观。早上大家空手出去，晚上一家五口都能带来用双手挣来的钱物，平时也可以吃上鸡蛋和肉食。靠着勤劳的双手，一家人的生活条件逐渐提高。

张先旺个人在经济上的成就不突出，带领全家去北京时已年过半百，没有高等文化、没有专业技术、没有资金、没有太大的力气，只是一个弱势的打工族，做些基本的工作勉强糊口，一天挣不到钱，全家人就要挨饿，他经历过常人难以想象的千辛万苦。但是，他这种奋斗精神走在了同龄人的前面，给三个孩子做了坚定的后盾，给孩子们指定了方向，使孩子沿着父辈的方向努力奋斗，成为今天商业界的精英。正验证了"舍得"的道理，没有他20年前的"舍"，就不会得到三个子女的成功，不会对家乡有这么大的贡献，从他身上我们能得到很大的启迪……

现在张先旺身体很好，常在老家、北京来回穿插居住，享受老年生活乐趣；可惜妻子玉娥一生辛苦奋斗，没等享受到幸福日子就因病去世。张先旺带孩子的奋斗经历在当地传为佳话，给这代人树立了榜样。

张永红　张先旺长女。半工半读，学业没有耽误。后来，永红有了男朋友王相彩，共同奋斗。结婚后，永红、相彩接触到建筑、房地产行业。相彩很有房地产眼光和才能，看到一片荒芜土地有升值价值，就贷款买下，开发盖商品住宅房、商务写字间，对外出售。有这块房地产成功经验，再开发另一块房地产。如此短短几年，永红、相彩的房地产公司越来越大，名气和产业也都越来越大，成为家乡闻名的房地产开发商。

聊城市双力三轮车运营多年，逐渐走下坡路，相彩接手经办。莘县电热厂经营亏损，相彩接手经办，效益良好。

2005年，永红、相彩的房地产开发到加拿大，两人买房落户到加拿大温哥华定居，房地产市场发展到国际市场。

张永刚　张先旺长子。大学毕业后也从事房地产开发，现在北京做房地产。

张永杰　张先旺次子。初二退学，十几岁与父母共同打拼，在北京成家落户，在北京搞房地产，同时致力于家乡发展。把村庄的几条主街铺上油漆，改变了以往土路的交通状况。把村庄几个大坑废旧土地填土垫平，种上花椒等经济作物。在大张家镇上买下土地做房地产开发，建起了金裕家园小区，还办了金裕面粉厂、粮食收购厂，用现代化的设备储备粮食，满足了方圆几十里百姓的食品供应。

第三节　革命军人

莘县境内人民在中国共产党领导下，在各个革命时期均作出重大牺牲，无数革命志士为革命事业献出生命。为慰英灵并昭示后人，《莘县志》中记载烈士名录2133名，其中大张家镇烈士101名，老凹张村有张绪交。

张先成[1]（1920～1997年）

1920年9月21日生。1947年，在红一方面旅2团3营6连当战士；1948年7月入党，在46师137团3营8连当班长；1950年，在里河三区武装部任副部长；1951年在贵州军区武装部任部长；1955年任组织部长；1958～1980年，先后当过酒厂厂长、煤厂厂长、城关供销社副主任、县农贸公司副主任。1997年1月27日，张先成病故。

张先成一生获得军功章有：渡江胜利纪念章；1950年解放华南纪念章；中国人民解放军淮海战役纪念章；解放西南胜利纪念章；八一建军纪念章；八一华北解放纪念章。

张家银[2]（1925～1994年）

1925年生在老凹张村，1942年参加八路军，1943年加入中国共产党，在部队时先后任班长、排长、副连长、连长等职务。随后跟部队在东北抗日，当时所在部队为第四野战军朱德骑兵师，师长是杨得志。抗战胜利后，在解放战争中，参加了东北战场和华北战场的辽沈战役、平津战役。东北、华北解放后随大部队南下又参加了淮海战役。

---

[1]　资料和照片由张先成远在贵州的儿子张绪军和儿媳李亚珍（小名红艳）提供。远在几千里外、很少来过老家的李亚珍满怀热情，在繁忙的工作之余，专门去贵州档案局查阅并发来资料。
[2]　根据张家银二儿子张绪成口述整理。

1949 年 4 月南京解放后，由于南方有较多的水路和崎岖不平的山路，骑兵连的马不适应当地的地形打仗，所以连队没有继续随百万大军南下。当年就留在了南京干部学校学习，在江苏军区干部文化学校校三队任学员（在江苏干校学习期间认识了妻子王桂英），直到新中国的成立。

张家银在山东老家只有老母亲一个人在家，由于身体有病，年龄也大了，多次托人去部队叫张家银回家。于是，1954 年 11 月 26 日张家银复员回到老家照顾母亲。

张家银一生打过很多次仗，拼过刺刀骑过战马，身上有多处刀伤、枪伤，到晚年又得了肺病。然而自从回到老家，主要以务农为主，从没有向国家要一分钱。

张家两代人都是革命英雄。张家银妻子王桂英是少有的文化女性，被选为妇女主任，担任妇女主任多年。两人有子女 4 人，两儿两女。大儿子张绪交是烈士，二儿子张绪成（小名拴成）现在河南省安阳工作。

张宪增❶ （1925～1998 年）

1925 年生。按老家辈份为张先增。15 岁参加八路军，1947 年入党。善于骑马射击，是当时有名的神枪手。

1947 年，任冀鲁豫行署财政干事、平原省（今河南省一带）财政所党支部干事、平原省党校干事；1953 年调入国家建设系统，在天津工作，任支部书记、总支书记等职；1987 年离休，享受厅局级待遇，是老凹张村享受最高待遇的行政干部。

经历过抗日战争、解放战争，做过师级军官的警卫，是十五级干部（十三级干部是中央高级干部）。有一次当警卫护送军官时遇到敌军，刚把军官托上墙，墙下枪声响起。在冀鲁豫军区党校学习，参加过无数次战斗，反应敏捷、机灵，虽历经无数战斗，都幸运地活下来，没受过伤。有一次返乡探亲，不知怎么被汉奸告密，日本兵去抓捕，他机智地躲进厕所，又躲过一劫。

---

❶ 资料和照片由张宪增的女儿张青素提供。因张宪增去世多年，在世时很少讲起战争年代的苦难和辉煌。记忆最多的长子也已去世，年龄小的孩子记忆不多，因此老人所存素材极少。长女青素从小在姥姥家（大张家镇史楼村）长大，今年 60 多岁，生活在河北省石家庄市，根据模糊记忆讲述父亲戎马一生，非常激动，骄傲自豪之情溢于言表。

"文革"期间，张宪增因革命资格老，未受到过多批斗。恢复政策后，晚年在家休养。1998 年去世。

张绪交❶ (1956~1979 年)

小名留拴，1956 年 11 月出生在抗日英雄张家银家里。在本村上小学，大张家镇读初中。1977 年 1 月入伍，同年 10 月入团。所在部队为山东烟台文登特务连，部队番号为 50 军 150 师 448 团 6 连（山东军区许世友的部队）。1979 年 2 月参加了越南自卫反击战。当时从山东部队并入四川部队，从四川出发到广西萍乡，从龙邦镇走到越南高平市，全团挖猫耳洞待命，没挖完接到命令开始打仗。早七点开始战斗，步兵、骑兵全体出动。先打越南飞机场，再打同登市军事基地和谅山市离胡志明市 80 公里的军事物资基地。在越南高平战斗中，张绪交所在部队是穿插部队掩护兵，掩护主力部队。3 月 13 日，经过三四天连续的艰苦战斗，炮兵特务连、游击队迷失方向。张绪交所在的连队拿着手榴弹打掩护，在路上遭遇几个越南兵包围。面临此种危急情况，张绪交宁死不当俘虏，拉响了手榴弹，炸死了几个越南兵，自己也不幸以身殉国、壮烈牺牲，年仅 23 岁。

战争是残酷的，战士们没有任何遗物留下，血肉之躯被炸飞。战后，这部分士兵以失踪定论。随后消息传到部队，官兵致以崇高敬礼。阵亡通知书报到村庄时，全村百姓听到噩耗为之悲痛，张绪交的父母哭干眼泪。父亲张家银去张绪交生前所在的部队，连长讲起战争的经过，感谢他为国家培养了好儿子。

张绪交是老凹张村的骄傲，他的英名永远记在老凹张村史、大张家镇志、莘县志上，为千百后世村人所敬仰，激励后代人奋斗。共和国没有忘记英雄，为了纪念英雄事迹，县乡设立了专门委员会负责烈士家属的慰问安抚工作，过年及重要节日上级有礼品财物各方面补助，对烈士父母、兄

---

❶ 档案中名字为张须交。根据张绪交的弟弟张绪成、笔者父亲张先宝以及与张绪交同时参军的张先同（同顺）回忆，加以整理。图片由张绪成提供，作为两代英雄的家属，他一直以父亲张家银、哥哥张绪交感到骄傲、自豪，他精心地保存着这些宝贵的照片。张绪成说："英烈的爱国主义牺牲精神值得我们后辈学习，值得发扬光大，值得宣传。让英雄的精神世代代在老凹张生根、发芽、壮大，激励后代人沿着英雄的路前进。"谨以此书表达全村乡亲对张绪交的纪念和仰慕！

弟姐妹、子女有一定关照，表达了国家、政府对英雄的关怀。

张绪交的名字载入《莘县志》人物第二章《革命烈士英名录》；山东莘县革命历史陈列馆里有张绪交的名字，莘县人民英雄纪念碑上也刻着张绪交的名字。今天，英雄故居虽无人生活，但门口鲜明的牌子"军属光荣、烈属光荣"赫然入目。

2016 年 9 月，张绪交的弟弟张绪成与莘县几位当年烈士的亲属，在广西省民政局的帮助下前去当年战场——越南高平，流着泪抓回几把土，算是把烈士的骨灰带回老家，漂泊多年的烈士孤魂回家了。越南当地水口关也建有烈士陵园和纪念碑纪念这些英雄，但没有名字，越南当局计划把英雄名字刻在碑上。山东莘县人民政府决定于 2016 年 10 月 31 日（农历十月一日祭奠亡魂节），单独立碑纪念这些英雄。

张保印 1937 年 9 月出生。1958 年入伍，中国人民解放军 6971 部队，驻地福建泛舟、江苏徐州，任班长，1964 年退伍，回乡务农。

张先进 1938 年 9 月出生。1957 年入伍，中国人民解放军 0872 部队 91 团，驻地青岛、烟台、威海、济南，1961 年退伍，回乡务农。2006 年去世。

张维申 1939 年 2 月出生。1959 年入伍，中国人民解放军 0782 部队 91 团，驻地山东莱阳、济南，1962 年退伍，回乡务农。

张先和 1939 年 4 月出生。1960 年入伍，中国人民解放军 0872 部队，驻地山东莱阳，1964 年退伍回乡。2008 年去世。

张绪启 1939 年 10 月出生。1959 年入伍，中国人民解放军 0872 部队 91 团，驻地山东莱阳，1962 年 8 月退伍，回乡务农。

张先轮（小名张忠） 1946 年 10 月出生。1969 年入伍，中国人民解放军 3143 部队，驻地辽宁省义县，1971 年入党，1974 年退伍，回乡务农。

张维朋（小名张朋） 1947 年 3 月出生。1970 年入伍，中国人民解放军 5284 部队 74 分队，驻地甘肃兰州市掖县，1975 年退伍，回乡务农。

张绪岭 1948 年 2 月出生。1969 年入伍，中国人民解放军 3143 部队，驻地辽宁省义县，1969 年入党，1975 年退伍，回乡务农。1979 年进村委，任民兵连长 23 年，2002 年退休。

张绪峰 1948 年 2 月出生。1969 年入伍，中国人民解放军 3143 部队，驻地辽宁省义县，1970 年入党，1973 年退伍，回乡务农，曾搞社教一年。

张绪官（小名合印）　　1949年1月出生。1969年入伍，中国人民解放军3143部队，驻地辽宁省义县，1971年入党，1974年退伍，回乡进村委会，2008年退休。

张宝玉　1952年1月出生。1973年入伍，中国人民解放军51021部队，驻地河北省获鹿县，荣获连嘉奖一次，1979年退伍，回乡务农。

张先同（小名同顺）　　1952年9出生。1977年入伍，中国人民解放军32516部队炮3师12团，驻地福建省泉州市，1979年参加越南自卫反击战，荣集体三等功。1979年入党，1981年退伍，1983年进村委，1993～2011年，任村支部书记。

张维兵　1952出生。1970年入伍，中国人民解放军8023部队，驻地新疆124团马兰基地，曾参加氢弹实验，获7等残疾证。1974年退伍，回乡务农。

史大杰　1953年1月出生。1974年12月入伍，中国人民解放军55383部队坦克8师，驻地山东潍坊，1980年退伍，回乡务农。

张维祥（文祥）　　1956年12月出生。1976年入伍，中国人民解放军81101部队42分队，驻地长春，1979年退伍，在山东莘县特钢厂（大张家镇）工作。

张立和（张绪友长子，小名建新）　　1957年8月出生。1976年入伍，北海舰队海军37203部队特种水兵，驻地青岛沙子口，1980年入党，1982年退伍，进入莘县大张棉油加工厂工作，从工人到技术员、车间副主任、车间主任、副厂长。

张维泉（张重友长子，小名刘现）　　1958年1月出生。1978年入伍，中国人民解放军00914部队，驻地黑龙江双城市，荣获连嘉奖一次，1983年退伍，回乡务农。

张立业　1958年11月出生。1976年12月入伍，北海舰队海军37203部队特种水兵，驻地青岛沙子口，1982年退伍，回乡务农。1995年进入北京市丰台区新发地农副产品市场打工，2013年被评为县劳模，2014年被评为市劳模。现为北京市聊城商会执行会长。

张文方　1969年3月出生。1989年入伍，中国人民解放军52951部队炮5师206团指挥营，驻地北京，1991年入党，1992年退伍，在北京打工。

张宪华　1970年1月出生。1989年入伍，中国人民解放军54960部队，驻地山东潍坊，1992年退伍，回乡务农。

张立建（张绪友三子）　1972年出生。1991年入伍，中国人民解放军8341部队（现改为57003部队），驻地北京，荣获集体三等功。1994年退伍，在北京打工。

张振华（振利）　1987出生。2007年入伍，中国人民武装警察部队泉州支队，驻地福建泉州，荣立三等功。2009年退伍，在北京打工。

张新景（春景）　1989年6月出生。2008年入伍，中国人民解放军第四师后勤部，获荣誉证书、勋章。2011年退伍，在北京打工。

第四节　教育人物

张先宝

1946年，张先宝出生在山东莘县大张家镇一个普通的村庄——老凹张村农户张维良家里。12岁时，他和父母不得不到村后牛屋里暂避风寒，18岁时父亲去世。因此家里的担子要他一手承担，没钱读书，上到完小（初中）不得不退学。退学让他饱尝了梦想破灭的痛苦，这对他后来的竭力办学、帮助贫寒学子的善举有很大影响。

1964年，当上了村里小学教师，拿到第一个月工资8元钱时热泪盈眶。这年，校长张维恕老师调往观城初中（当时是河南省范县四中）。他挑起了村里教育的重担，当了14年的校长，直到1978年。他爱校如家，学校的一草一木、一砖一瓦无不凝聚他的心血，一步一个脚印地把一个地处偏僻、经济文化落后的村庄在教育方面推到乡镇教育的前列。

1966年，张先宝结婚，教书之余帮妻子干农活，靠自己的努力盖起了混砖房：墙面外面是砖，墙里是土胚。当时多数是土胚墙，20多岁的年轻人盖了全村第一住房，自此开始了他对第一的努力追求，在教学事业上也得过多次第一。

1966年，"文化大革命"开始，耽误了十年光阴。"文革"后，他先从改建自己村的小学开始。那是一所破旧的学校，屋顶墙壁早已漏风，到了冬天苦不堪言。他立志盖三间大瓦房，但是钱是个大难题。他挨家挨户地跑，磨破嘴、跑断腿劝村民捐钱，成功筹集了足够的钱，当然包括他个人的大部分积蓄。

1977 年，本村学校的改装工作完成，学校面貌焕然一新，三间东屋，三间堂屋，六个年级，一间办公室，乡亲们看了都啧啧赞叹。杰出的教学成绩和学校崭新的面貌得到乡联校的赞扬。

1978 年，他被调往村外的学校道士路小学。又经历了几乎同样的步骤，把一个破烂学校变成校园干净、教室标准的新校面貌。从此，这种破旧立新的精神督促他停不下奋斗的脚步……

两次成功办学，大张家镇教育主管看到他的成绩，1981 年又把他调到更远的、面临关闭的三仓小学。三仓村紧邻大张家镇，由前仓、东仓、西仓三个小村庄组成，在四周不靠村的空地方建了两座破房子当小学，四周全是农田，两排瓦房漏顶漏风，操场就是坟场。

张先宝结合前两次治理的经验，一遍遍跑乡镇政府请求财力支援，又一遍遍请求村干部召开百姓开会，他去宣传办学的价值，挨家挨户动员村民，忍受人们无数白眼、讥笑、误会，经历千辛万苦最后募集到了足够的钱款，建起了大院墙，将小学和初中连在了一起，翻盖了房顶，还安上了电灯和电棍（当时都用汽灯），这是第一所通电的现代化小学！新学校落成的当天晚上，村民联合送了一场电影，在当时当地这是表达感激的最好方式，三仓村民至今仍记得张校长朴实的演讲：高兴好一会儿，挣钱好一阵，培养孩子好一辈！

1986 年，张先宝被评为聊城地区优秀教师。基于对学校校貌改进工作，加上比赛中多次获奖，当全乡的学校联合起来时，他理所当然地被推选为大张家镇联校业务校长。1992 年，联校被授予"教育工作先进单位"。不断得到莘县教育局、聊城地区教委的嘉奖。

张先宝在教育方面的贡献，主要表现在以下几个方面。

1. 工作成绩

获得荣誉 在师资严重缺乏的小乡村，他是小学语文老师，又是全科教师。他以工作的最高标准要求自己，备课教案是全乡第一，所教学生成绩、各种比赛始终是全乡第一名。常被评为模范教师、优秀教师，到县委作报告，作为优秀教师代表考察学习。三仓小学——镇中心小学取得了优异成绩，获得奖牌、奖状、锦旗无数。2003 年、2004 年，三仓小学获评教学成绩先进单位；2005 年，三仓小学获教学全面考核工作第一名；2006 年，三仓小学获评教学成绩先进单位；2007～2009 年三仓小学获全面考核工作第一名；2010 年，三仓小学被评为聊城市规范化学校。

课外活动　他对孩子极有爱心：一年级学生太矮够不到黑板，他就让学生坐在他胳膊上写，一年级的孩子都是这样坐在他的胳膊上长大的。2001 年，三仓小学被评为镇第一届读书节优秀组织奖；2002 年，三仓小学被评为镇第二届读书节优秀组织奖、全县中小学生"趣味运动会"踢毽子小学组总分第 5 名；2003～2005 年，连续三年获镇读书节优秀组织奖。

学校操场有小型台子，供开校会、儿童节、教师节等重大节日用，闲暇课余他带全校学生演节目。他多才多艺，青年时期常自编自导自演各种角色，吹拉弹唱各种乐器，在学校更是发挥了他的才艺本领，使得贫穷乡村孩子的生活多姿多彩。中心小学购买了各种乐器：脚踏琴、手风琴、二胡、竖笛、鼓，并组织了各种乐器队，这些乐器都是他自己教，有时教会老师，老师教学生，后来条件好时又购买军乐队乐器、军乐队服装，组织军乐队、小号队、鼓乐队……校会、运动会、儿童节、教师节、乡里重大活动宣传时都请小军乐队出场。

体育方面　注重学生身体发展，定期举行简单的运动会。他印象很深刻的一次运动会，很想让学生统一着装，但贫寒的乡村很难实现，最后他想出了一个绝妙的好办法。所有男女孩穿一色短裤，头发剪得一样长，都光着小膀子、小脚丫。当这一具有特色的运动队听着哨声、迈着整齐的步伐进入会场时，所有在场领导、师生、百姓不由地啧啧称赞。

劳动方面　当时有大队分给学校的自留地，他带领学生白天上课，课间在自留地干活，学生自力更生。他在地里种棉花、玉米、萝卜、烟叶，带领四五年级学生去集市卖菜，卖得了钱给全体学生来当学费，一至五年级五年不用交一分钱学费；秋收时在操场架一口大锅，煮上嫩玉米、毛豆，高年级学生烧锅，低年级学生只会吃，师生同乐，作者至今想起来仍回味玉米、毛豆弥漫校园的香气，有无数童年美好的遐想……在大坑里种上麻，丰收时号召学生来收割，放到大水坑里沤麻，到一定时间收出来"踩"、晾干到集市去卖；周末再带学生到生产队里干活，鼓励学生相互比赛摘棉花谁摘得多、快、干净，挖地瓜谁挖得多、块大……

2. 帮助学生

张先宝不仅热心于学校的建设事业，还非常注意发现人才、爱惜人才。张校长一生培养孩子无数，无偿捐助孩子无数，看到哪个孩子苦，买本、买笔、给零花钱不计其数，就是在城市街上看到陌生学生写着字为家人看病或没钱回家乞讨，他都会给钱，他最看不得学生受罪，家长再苦不能苦孩子。其实不只是对孩子，在平常为人处事他也唯恐别人对他评价不佳，村民百姓基本都借过他的钱，哪怕他手里只有 20 元钱，自己要用，一旦别人开口也要借给别人，哪怕自己再去借，这就是他的风格。

他一生帮过贫苦学生无数，其中有三个典型的苦孩子。

唐晓梅　张先宝还在建设三仓小学时，就注意到了一个女孩唐晓梅，家里很贫穷，父亲有病，下面有弟弟，重男轻女的思想使她即将辍学。张校长知道了这件事，开始一遍一遍地往她家里跑，做她父母的思想工作，说这孩子聪明、有潜力，肯定能考学出去，将来挣工资回报家里。无奈传承几千年的思想实在是根深蒂固，很难扭转，就是不给女孩交钱上学，留着钱看病、给儿子娶媳妇。

最后，女孩的父母接到通知：让她回来上学，免除她的一切上学费用。她的父母这才答应。但没人知道，女孩几年的学费其实都是张校长用自己的工资垫的，那时他的工资每月 19.5 元。在他的资助下，女孩升入初中，已不在他的管理范围内。张校长又默默资助她读初中。女孩初中毕业，以优异成绩考上中专——莘县师范，这在 20 世纪 80 年代的乡镇学校犹如考上北大，吃上了国粮。三年后，女孩分配到她的母校初中教学，每月给家里钱，并用自己的工资帮弟弟娶媳妇，应了张校长对她父亲的承诺。女孩父亲千恩万谢，感谢张校长慧眼，否则耽误了孩子一生。至于孩子的学费，只有张校长家里知道，恐怕女孩家里终生也不会知道。

张晓琳　张晓琳高中毕业没考上大学想复读再考，家里拿不起学费，想通过与农村男青年订婚的方式让男方出钱拼搏一年，来年考不上就嫁给男青年，考上可能结婚也可能还钱退婚。今天听起来女孩的做法似乎有点不道德，但对一个走投无路又有志向的农村女孩来说，她又如何坚持下去学业呢？

男青年父母与张校长商议怎么办。张校长听说后很伤心，想办法说服男青年最好找有定数的女孩订婚；又想办法找到女孩，给了女孩两千元学费（有些是借的），让她去复读。苍天不负有心人，女孩经过一年的努力考上大学了，跳出农门，入了"龙门"。而男青年找另外的女孩已结婚。双方都非常感激张校长。

读大学时，张校长又资助她学费。她父亲说："张校长是咱的救命恩人，一辈子不要忘记报答他。"工作后，有了幸福的事业和家庭的女孩去还钱，跪在张校长面前请他收下，他不收；女孩长跪不起，最后说她已失去父亲，张校长胜似她生父，可否收她为干女儿，张校长含泪答应了……

王白华 有一次，张校长去县教育局开会，在门口看见一个十几岁的男孩在哭，仔细一问才知道学生考上了莘县师范中专学校，却没有钱交报到费。因为父亲已去世多年，母亲是农妇，哥哥结婚了不管他，男孩初中学费就是自己画画挣出来的。看着那男孩孤单无助的脸庞，张校长的心又揪了起来，虽是陌生学生，但每一个孤苦的贫寒学子都是他的学生，似乎都是他应该培养的树苗，他不能忍受学生的前途正逐渐枯萎黯淡。他二话不说，将自己兜里的 100 多元钱加上向同事借的 100 元，一股脑儿给了那个男孩。但当时他的工资也只是一个月 24.5 元。

在他的帮助下，男孩顺利去师范读书，三年毕业后分配到古云镇中学当美术老师。拿到工资的第一年，小王老师找到张校长的家去还几年前的 200 元，张校长怎么也不收。他说：当初我帮你不是为了你日后还，我是想助天下所有贫寒学子成才，你若知恩就帮助你的学生吧！小王老师再次感动得热泪盈眶，他跪拜恩人，此后每年都来拜年。果不其然，王白华每年都向高一级学校输送一批优秀学生。王老师今年也 40 岁了，也桃李满天下了……

如今，张校长 70 岁，虽退休多年，鬓发全白，但身体和心态很好，仍有颗不服输不服老的心，不向困难低头，还像中年人一样奋斗，常事劳作。他培养的学子已遍布五湖四海，各行各业的都有，也有社会精英。他们都会在过年过节时看望自己的启蒙恩师。尤其是那些有才却命苦的寒窗学子，每年年底，来感恩拜望的络绎不绝，家里的宴席摆好多天，天天几桌。学子们畅谈辞旧迎新，说着祝福，甚至能落下泪来，是的，那是感激的泪，也是幸福的泪。

他桃李满天下、德高望重，告老还乡后，他又开始了另一段人生，在乡镇，他是人大代表；在联校，他是一帮退休老友聚会的主心人；在村里，他是村庄委员会的顾问，又是黑白理事会的会长，他主持的婚礼人人称赞；他是村民调解委员会的会长，各种矛盾在他调解下干戈化为玉帛；村里孩子上学有困难或百姓有难，他还分文不取、义无反顾地帮忙；在家里，他又是好丈夫，老伴身体不好，做饭洗衣家务全是他的……

总之，他的一生就像总理一样繁忙，在许多方面都颇有建树，各方面绽放他灿烂的人生。

附： 发现身边的历史：穷尽毕生为教育——记我的姥爷张先宝校长❶

山东师范大学附属中学 2010 级 5 班　岳梦斐

时光荏苒，我的外祖父已经历了 65 个年头。

他曾在家中努力劳动，自食其力。

他曾在学校认真教书，兢兢业业。

他曾在村中带领村民重建小学，使其焕然一新。

他曾是 50 所中小学的联合校长。

他曾是一名教育工作者，以后也永远都是……

他，就是我的外祖父，一位既平凡又伟大的老人。

我满怀崇敬，用纸笔记录下来我和全村全镇人民敬佩、县教委闻名的德高望重、桃李满天下的张先宝校长的历史，我身边的历史。

自我有记忆以来，外祖父的形象始终是和蔼可亲且可敬可畏的复合型，儿时到现在，外祖父见到我的第一句话就是：学习怎样？考第几名？每听到我考出好成绩，他的高兴之情溢于言表。

每次回老家拜望他，走在乡里，明显感到左邻右舍都以极其美慕尊敬的眼光看我，似乎在说：张校长的孩子来了，看人家培养出的孩子多争气。从乡亲的眼神能看出外祖父的声望、地位，我总觉被幸福的浓云所环绕，无比自豪感应运而生。

记忆中第一次和妈妈在教师节回老家时，家里的热闹场面让

---

❶ 2011 年全国中学生历史写作大赛一等奖作文。岳梦斐现为山东财经大学学生。

我兴奋不已：院子里外、前后院十多个房间全是人，不是婚宴而是学子感激恩师的盛宴，没有奢华的鲜花地毯、酒肉佳肴，有的是掌声和学生的感恩、祝福！

而今，我也有十年的求学经历，每年教师节感恩自己的老师，想起桃李满天下的外祖父的教师节热闹的场面，内心的激动使我无法平静，长期以来，一种强烈的冲动激荡着我不能平静，借此征文平台，我要把我的外祖父——一个平凡、善良而伟大的教育工作者胸襟写出来，激励我学习，献给无数像我外祖父一样呕心沥血、兢兢业业、恪尽职守的教育工作者……

我整理资料来自于四个渠道：敬佩外祖父、视他为楷模的外祖父的女儿——我妈妈的口述；他帮助过的三位贫寒学生；他的同事；乡亲邻舍。图片资料是我本人拍摄的一手资料。

"春蚕到死丝方尽，蜡炬成灰泪始干。"我的外祖父无愧于这个评价。

他是人类灵魂的工程师。一个个的日子升起又降落，一届届的学生走来又走过，不变的是他那永远微笑的面庞和内心深处对教育的热爱。三尺讲台是他的舞台，在上面他尽情挥洒自己的汗水；学生们是他用心培养的树苗，他相信在不久的将来可以在健硕的枝蔓上结下累累硕果。他的谆谆教诲，是"随风潜入夜，润物细无声"的春风化雨，带给人的是"仰之弥高，钻之弥坚"的执着精神。他用他的经历告诉我们，教育是塑造人的灵魂之本。

他是美的耕耘者，美的传播者。多少人在他的循循善诱下尝到了在知识的海洋遨游的乐趣，多少学子在他的辛勤培育下找到了人生的价值。他将教育的美、学习的美、生命的美传播散发出去，谱写了一首首美的乐曲；他用美的阳光普照，用美的雨露滋润，使更多人的心田得到滋养。他别无所求，只想把知识传授给学生；他别无所爱，只是把全身心都投入到他热爱的教育事业中去。正是怀着对党、对人民、对教育事业的无限忠诚，他从风华正茂的青春年华，一直到长出满头苍苍的白发，几十年如一日，认认真真地画出了人生最亮丽的彩虹，无怨无悔地踏出了人生最美丽的足迹。

他还是前进道路上勇敢的探索者。作为旧时代农村地区的普通农民，他能够独挑大梁，一路上披荆斩棘，始终走在教育发展的前沿。他无私捐款翻新校舍，带领教师更新教育方法，其间有失败的痛苦，但收获更多的是成功的喜悦。他既是教育方法上的勇敢探索者，也是育人园地里"以育心为本"的探索者。常言道："十年树木，百年树人"，育树容易育人难。他辛苦地做着祖国后花园的一名园丁，着重从思想上开导学生，以自己的实际行动影响学生，用一个迸射火花的身躯，燃烧着自己生命的红烛，开创了一个个平凡而又伟大的壮举。

我的外祖父，既是一名光荣的人民教师，也是一名杰出的教育工作者。他极其普通，但在我的心目中却又极其伟大。他将自己的一生都奉献给了教育事业，那么的义无反顾。在历史的车轮中，他或许只是一根铆钉，但却是最坚守的铆钉，永远坚守在自己的工作岗位上，不抛弃，也不放弃。在历史的长河中，他或许只是一滴水，但透过这滴水，我们可以看见整个天堂，看见他那赤诚火热的心。

外祖父现年65岁，虽已是享天伦之乐的老人，但生活安排得非常丰富，几乎每天都有人来找他，或喝茶或聊天，老当益壮，心态年轻。他说："如果现在还有苦孩子上不起学，我还帮助。"

外祖父就是这样一个悲悯的人，只要是弱者，都会引起他的恻隐之心。乡里谁家老人衣食无着，他会慷慨解囊；走在城市的街上，看到残疾乞讨人员，他必捐助；尤其是看到贫寒学子写上父母重病字迹，跪在街头乞讨时，犹如割他的心头之肉，不管真假，他必出大笔钱，扶起学子，说：孩子，拿这点小小心意去求学吧。恨不得把所有积蓄全给学生……

外祖父把财富看成过眼烟云，不图回报。他不是百万富翁，却做出了许多百万富翁做不到的善举，他怪自己能力有限，不能实现他捐助贫寒学子的梦想。如果他有条件、有能力，他会穷其财力帮助全国的贫寒学子。

他对贫寒学子的爱远远超出对子女的爱，儿时不懂事的子女常哭泣怪他，但懂事后对他无比敬仰！耳濡目染父亲平凡的伟业，他的儿女们学业、事业也努力效仿，他的女儿——我妈妈不但继承了他对学业、事业的追求，成为全乡第一个女大学生、第一个研究生，摘取了学业上的最高桂冠，成为外祖父的骄傲；而且还延续了他艰苦创业、百折不挠的办学精神，儿承父志，外祖父无比欣慰，帮助教育方面所有需要帮助的学生——国家未来的栋梁之才！把他认为最伟大的教育事业发扬光大！

这就是我的外祖父——一个平凡但又做出极大贡献、伟大的教育工作者。他文化水平不高，没有蔡元培的学术水平，没有张伯苓渊博的文化，但是，我感觉到，外祖父有两位卓越教育家的胸襟和魄力，如果他拥有这两项，他会创建起另一所北京大学、南开大学！会托起全国的教育大梁！

新竹高于旧竹枝，全凭老干为扶持。一个国家会因注重教育而蒸蒸日上，也会因疏忽教育而江河日下。教育是治国之本，在优先发展中处于战略地位，这是众人皆知的。外祖父将教育作为自己终生的事业，为年轻的下一代在教育的航程中扬起了新的风帆，我们都以此为荣。无论多苦多难，始终把培养孩子放在首位，这才是外祖父的历史所留给我们的最宝贵的精神财富。无论是在风雨飘摇的旧时代，还是在经济上铮铮向荣的新时代，教育始终是我们的第一要务！

张重厚　1913 出生。解放前毕业于聊城二中，是本村几十年最早、学历最高的文化人，也是张氏家族续家谱的传世人，黑白喜事写礼单，德高望重，深受村民敬重。2000 年去世。

张维恕　1924 年 6 月出生。1952 年，村里开办学校，是第一个老师，教三个年级，一班 10 来个学生，全课教学管理。1954 年观城省师毕业，1948 从事教育事业。先后任职老凹张小学、后下沟小学、大张完小、观城联校（区级教育领导），1976 莘任县师范副校长。1983 退休。1997 年去世。

张维合　1937 年 9 月出生。1956 年考入蒋店中学，1956～1962 年在范县一中读书。年轻时，全家去东北闯关东，1980 年回乡，是村里德高望重的文化人、黑白理事会长者。老人身体很好，如今还手不离书。

张先锋❶（小名记明）　1953 年 3 月出生。范县一中毕业，1975 年参加教育工作，在邓庄中学教书，1983～2005 年任老凹张小学校长。思维缜密、周全，反映敏捷，主意多，特别明事理，被百姓誉称"小诸葛"，口碑极高。他带领的几位老师认真教学，培养的学生在乡镇各科比赛中多是第一，是周围村庄学习的榜样。他爱生如子、极有耐心，刚入学的孩子总是哭，有的孩子家长打骂也送不去学校，送孩子上学是家长头疼的一件事，但是，再哭闹的孩子经他劝说能慢慢适应，逐渐接受了学校、老师，认真学习。现在他退居二线，仍思维聪慧，是村里德高望重的长者、黑白理事会会员。

薛相臣　女，1956 年 9 月出生。老凹张小学教师。1976 年参加教育工作，她在娘家古云岳庄小学任职 5 年，1981 年，嫁给军人张维泉后，转入老凹张小学，工作 30 年，多次被评为乡镇优秀教师和县级模范教师，2011 年退休。作为村里多年唯一的公办在职教师，她给许多女性做出榜样。以女性的善良、温柔、爱心去关爱孩子，在她教育下，无数孩子从不懂事变懂事，尤其是女孩子，从她身上学会了如何做成功女性。

史大德　1958 年 8 月出生。中师学历，1980 年参加教育工作，至 2005 年一直在老凹张小学工作。计划生育出生人数少，适龄入学儿童减少，老凹张小学学生不够一个班，孩子们转入邻村邓庄小学就读，2006 年，他与几位乡村教师相应转入邓庄小学，任邓庄小学副校长，多次被评为乡镇优秀教师和县级模范教师。1992 年 4 月获评为莘县教育局、莘县县委宣传部德育先进工作者；1992 年 5 月获莘县教育局、共青团莘县县委优秀少先队辅导员称号；1993 年 10 月获评为中共莘县县委、莘县人民政府县级优秀教师；2008 年 9 月获评为大张家镇党委政府先进教育工作者；2016 年 9 月获评为大张家镇党委、政府"镇十佳德育工作者"。

亢爱钦　女，1969 出生，老凹张小学教师。

张绪勇　1972 年 8 月出生，1993 年聊城电视大学毕业，分配到大张家镇中学任教至今。

杜九红　张绪勇之妻。1972 年 1 月出生。1994 年聊城教育学院毕业，

---

❶　张先锋对本村教育的付出同样很多，自从张先宝 1984 年调走后，张先锋一直做小学校长，担起村庄教育的责任 20 多年，也是一位德高望重的校长，篇幅所限未能多写，请谅。

分配到大张家镇中学任教至今。2002年9月10日获大张家镇党委政府荣誉证；2002年12月获评为大张家镇中学师德建设先进个人；2007年9月10日获评为大张家镇党委、政府优秀教师；2010年9月10日获莘县教育局、莘县教育工会健身操优秀奖；2008年5月获莘县教研室公开课优质奖；2008年11月获莘县教育局教研室优胜教师三等奖；2010年5月获莘县教育局教科所《心灵占领》科研成果一等奖；2014年4月获莘县教育局初中教研室历史优质课一等奖。

张瑞英 女，1974出生。1992年在莘县二中求学时，遭开水烫伤全身。在治疗烫伤时，以顽强的毅力与病魔做斗争，经历了常人难以忍受的痛苦，完成学业，考上聊城大学，现在大张家镇中学任教至今，她的事迹鼓励着学生奋斗。

在本村当过老师的还有：张本然、金培恒、李文达、王宝法、张贵锁、何香云、夏和菊、张绪太、张维生（村民俗称五老板）、张立成（成法、村民俗称三老板）、张先奇、白俊钗、岳银萍、张宝增。

表13-1 老凹张历年考取大学的学子一览表

家长姓名	学生姓名	性别	出生年	考取大学	录取时间	工作单位
杨进忠	杨喜亮	男	1969	河南省郑州畜牧兽医学院	1989	濮阳
张先宝	张杰（书君）	女	1970	山东师范大学	1990	山东财经大学
	张绪勇	男	1972	聊城电视大学	1990	大张中学
	张书燕	女	1974	山东莘县师范学校	1992	大张中心小学
	张绪乾	男	1976	莘县职业中专学校	1994	北京商务运输公司
张绪生	张立明	男	1970	山东石油大学	1988	濮阳三产化工
张先旺	张永红	女	1971	聊城大学	1989	加拿大温哥华
	张永刚	男	1973	中国农业大学	1991	北京
	张永杰	男	1978	北京工商大学	1996	北京
张维生	张记方	男	1971	聊城农业学校	1990	山东省莘县观城镇政府

家长姓名	学生姓名	性别	出生年	考取大学	录取时间	工作单位
张保田	张绪军	男	1971	聊城教育学院	1990	莘县中学
张先起（相生）	张春玲	女	1972	山东省烟台财政学校	1991	聊城
	张德玲	女	1985	北京市有色金属技术学校	2005	山西太原
张绪森	张玉英	女	1972	德州卫生学校	1990	聊城
张先峰	张爱华	女	1977	聊城教育学院	1995	聊城
	张丽霞	女	1978	烟台商业学校	1996	招远
	张刚民	男	1980	聊城教育学院	1998	聊城
	张刚伟	男	1983	烟台大学	2001	天津
张维域	张风花	女	1979	青岛科技大学	1998	青岛
	张记广	男	1982	山东理工大学	2000	济南市
史大杰	史乃军	男	1980	山东理工大学	1998	濮阳
	史淑华	女	1983	潍坊学院	2001	苏州
张绪峰徐清珍	张燕瑞	女	1976	莘县卫生学校	1994	莘县血站站长
	张燕敏	女	1978	河南师范大学	1996	北京
	张海燕	女	1980	聊城大学	2000	青岛
	张海涛	男	1984	郑州大学	2002	郑州电业公司
张绪仁	张振刚	男	1983	聊城职业技术学院	2000	临沂
张立和	张燕	女	1982	濮阳卫生学校	2000	范县城关镇医院
	张大兵	男	1984	青岛科技大学	2002	青岛中盛集团
张进科	张绪仓	男	1982	山东广播电视大学兖州学院	2000	贵州
	张绪英	女	1984	山东省德州卫生学校	2002	河北
张绪浮	张兰丽	女	1982	东营职业学院	2000	大张联校
张绪成	张中华	男	1983	河南理工大学	2001	河南安阳

家长姓名	学生姓名	性别	出生年	考取大学	录取时间	工作单位
张维泉	张先魏	男	1983	滨州医学院	2002	莘县人民医院
	张珊珊	女	1985	山东大学	2003	济南市
史大德	史喜坤	女	1984	上海交通大学	2002	上海
	史乃忠	男	1986	聊城大学	2004	聊城
张维水	张宏普	男	1985	济南蓝天学院	2003	济南
张绪理	张建文	男	1985	郑州农业大学	2003	郑州
张绪斌	张剑	男	1986	山东大学	2004	上海
	张洲	男	1993	河南大学	2011	郑州
张宝现	张丽平	女	1986	聊城电视大学	2004	聊城化工
张群	张振华	男	1986	郑州大学	2004	清本仙庄乡镇府
张石义	张丽花	女	1986	河南范县卫生学校	2005	聊城
张先浩	张志愿	男	1986	聊城电视大学	2005	聊城
张绪平	张丽华	女	1986	聊城电视大学	2006	聊城
张立顺	张可果	男	1987	锦州石油大学	2006	广西
张启	张现忠	男	1988	西安石油大学	2006	濮阳三厂
张春景	张志华	男	1989	东营科技职业学院	2007	聊城
	张丽华	女	1992	滨州医学院	2010	菏泽
张大吉	张庆锋	男	1989	聊城大学	2007	聊城
张合	张鑫鑫	男	1989	枣庄学院	2007	济南
	张跃园	男	1992	聊城大学	2010	聊城
张绪军 李红艳	张立叶	女	1989	大连大学	2007	贵州交通规划局驻赞比亚
	张力蘅	男	1994	吉林警察学院	2012	
张林中	张凤娟	女	1989	威海职业学院	2007	北京
张绪深	张军朝	男	1989	聊城大学	2007	聊城

续表

家长姓名	学生姓名	性别	出生年	考取大学	录取时间	工作单位
张合现	张磊	男	1990	青岛大学	2008	青岛纳通医疗集团
张记德	张胜涛	男	1990	临沂大学	2008	临沂医药
张金成	张婷婷	女	1990	青岛大学	2008	青岛
张进宝	张立扬	男	1990	河南安阳学院	2008	聊城
张文现	张丽燕	女	1990	青岛科技大学	2008	英语翻译
张现	张海潮	男	1990	泰安医学院	2008	齐鲁医院
张绪现	张占芳	男	1990	山东轻工业大学	2008	德州
张玉柱	张艳萍	女	1990	淄博学院	2008	大张联校
张绪强	张慕春	女	1991	山东师范大学	2009	上海
杨喜生	杨路路	男	1991	广西桂林理工大学	2009	聊城
张留柱	张亮	男	1990	广西大学	2008	北京
	张志杰	男	1991	聊城职业学院	2009	聊城
张立峰	张海波	男	1991	山东理工大学	2009	青岛
	张海平	女	1993	潍坊学院	2011	聊城
杨喜祥	杨路杰	男	1992	河北承德大学	2010	北京
张合成	张丽华	女	1992	潍坊科技学院	2012	
张海京	张慧萍	女	1992	山东大学威海分校	2010	济南
张立军	张艳婷	女	1992	山东交通学院	2010	济南
张玉学	张本召	男	1992	齐齐哈尔大学	2011	聊城
张文方	张先建	男	1993	济南大学	2011	济南
张记昌	张志勇	男	1993	泰安医学院	2011	聊城
史乃强	史伟伟	女	1993	聊城卫生学校	2012	聊城
张先怀	张绪华	男	1994	莘县职业中专学校	2012	莘县

家长姓名	学生姓名	性别	出生年	考取大学	录取时间	工作单位
张记领	张胜民	男	1995	泰安医学院	2013	
张先龙	张莹	女	1995	济南大学	2013	
张进房	张然然	女	1995	聊城大学	2013	
张山景	张丁丁	男	1995	新乡学院	2013	
张立宽	张耀芝	女	1995	菏泽学院	2013	
张书君	岳梦斐	女	1996	山东财经大学	2013	
张玉生	张楠	女	1996	临沂大学	2014	
张占领	张会会	女	1996	潍坊学院	2014	
张绪亮	张科	男	1996	德州学院	2014	
张春玲	贾怡欣	女	1997	清华大学	2014	
张文亮	张建肖	女	1996	德州学院	2015	
张立贵	张红才	男	1996	河北承德大学	2015	
张玉省	张亚楠	女	1997	山西太原大学	2015	
张绪勇 杜九红	张怡博	女	1998	齐鲁工业大学	2015	
张立省	张嘉雯	女	1997	淄博医学院	2016	
张书燕	梁宏达	男	1999	山东农业大学	2016	
张怀重	张露露	女	1998	济宁医学院	2016	
张玉柱	张本昌	男	1998	山东体育学院	2016	

第五节 艺术人物

张绪斌

1964 年出生，山东莘县大张家镇老凹张村人，中共党员。1975 年参加工作，工作后再次充电学习，1989 年毕业于河南省安阳戏曲学校，国家级非遗项目四平调代表性传承人，二级演奏员，河南省音协、戏协会员，濮阳市音协理事，范县音协主席。现任范县非物质文化遗产保护中心主任、四平调艺术团团长，文化馆业务馆长、中共范县第十四届党代表，政协范县第十一届委员。

主要从事戏曲音乐创作、演奏，非物质文化遗产保护、群众文化辅导，音乐培训等工作。在濮阳戏曲界有较大的影响。他的高胡演奏，音色优美，个性鲜明、指法灵活、运弓洒脱自如、节奏稳健，包腔细腻得体、韵味浓郁、极具感染力。40 年来积累了丰富的音乐知识和伴奏经验，准确把握了四平调的旋律、音型、板式和曲调。

1975 年参加四平调剧团工作，师从李金和、白殿选学习琵琶、高胡伴奏及四平调音乐创作等。1980 年始，历任四平调作曲头把弦等，创作伴奏演出了 50 余个四平调剧目的音乐唱腔。参加各种演出 6000 余场。参加各种省市比赛汇演 40 余次，获得各种奖项 30 余个。1983 年四平调《杨八姐盗刀》参加河南省第二届青年戏曲大赛，任作曲伴奏员，获团体奖。

1987 年起，为范县和大专院校培养输送了几十名专业音乐人才和百余名业余群众文化骨干力量。

1989 年《月到中秋》在首届河南省企业文艺汇演中，获优秀作曲奖和优秀伴奏奖。1990～2000 年获得濮阳市民乐大赛二胡独奏一等奖。1991 年进京演出获特等奖，并在中南海警卫局礼堂演出，受到国家领导人的亲切接见并合影留念。

1993 年后调文化馆工作，经常下单位、机关、工厂、学校、军营、农村等辅导节目。

1997 年《欢聚在田野》节目在中央电视台获优秀创作奖。2000 年，在濮阳市民乐大赛中获二胡独奏一等奖。2001 年在河南第七届小戏曲大赛中参演的《生日泪》获编剧、作曲、伴奏二等奖。2002 年河南第八届音舞大赛参演的器乐曲《斗鹌鹑》获金奖（作曲伴奏）。2003 年在河南第八届小戏曲大赛中参演的《母亲》获音乐创作、伴奏金奖。2004 年小戏曲《黄妮》的音乐创作获得第二届濮阳小戏曲大赛优秀作曲奖、组织奖。

2005 年 8 月在河南省第三届艺术论文评选活动中入选论文《戏曲音乐

的演唱与伴奏》获得了创作三等奖。

2006 年四平调申报国家级非物质文化遗产项目成功，他担任申报材料的撰写工作。2007 年被文化部命名为国家级四平调代表性传承人。2008 年又被命名为省级代表性传承人。成立了四平调艺术团，任业务团长。

2009 年被评为濮阳市文化系统先进工作者，濮阳市优秀中青年人才。

2010 年 1 月在河南省"非遗"工作中表现突出，被文化厅评为省级先进个人。2011 年 11 月担任四平调艺术团团长。

2012 年 4 月被推荐为范县第十一届政协委员。

张绪斌的妻子周玉是原河南省四平调剧团周团长的女儿，不嫌贫寒嫁给当时不名一文的张绪斌。他们培养了两个优秀孩子，长子张剑山东大学毕业后在上海工作，二子张洲（周洲）继承了父亲二胡的天赋，成为第三代非物质文化遗产四平调继承人，张洲 5 岁练琴，8 岁与父亲同台演出，后考上河南大学，在祖国各地演出。

2016 年 10 月 15 日，范县四平调迈进河南师范大学校门，《小包公》《陈三两爬堂》受到广大师生的热烈欢迎。

第六节 医护人物

徐清珍

1949 年生于济南市，祖籍山东省莘县观城县邵张屯，祖辈抗日战争时期救过共产党员段君毅，当时段被敌人追击无路可逃，曾藏在徐父的后院里，日本人没搜到人，搜到衣服，就一把火烧了后院。

这段原本是光荣的经历，后来却要挨批斗甚至被活埋。徐家吓得全家连夜外逃，徐父先后在烟台教书，任教育局长；回济南，任泺口铁木厂副厂长。徐清珍初中就读于济南七中。本来已定好毕业后去济南水利厅工作，已填好表格，接受领导接见，且领导已交接工作。然而 1966 年开始"文化大革命"，进入知识青年班。响应知识青年上山下乡号召，不得不下乡回到观城，因成分高不让上高中。

因渴望不受折磨、相对平安的婚姻，徐清珍 1974 年结婚，嫁给农民出身的张金龙。1976 年，省城安排一批知识青年陆续返城，因已结婚失去机会。二女儿出生后，莘县派人调查知青可回县城工作，她当时在杭州，调查到年事已高的母亲，母亲怕成分高再惹事，故意说穷，说她嫁给了农村百姓，当了纯农民。就这样又一次机会失去了。1983 年有了三女儿后才落实户口为非农业，去乡镇医院工作几年，后来去村卫生室工作。

今天的徐清珍已当了奶奶，有孙子外孙一大家。她的一生是坎坷的，晚年是幸福的。

张绪武　1922 年 6 月出生。1958 年参加卫生事业，1982 退休。一生从事医疗卫生事业，先后在保安寺、邓庄、东仓、老凹张、大张家镇卫生院工作，是医疗卫生事业和张氏家族续谱的热心人。1996 年 6 月去世。

张先玉　1943 年 5 月出生。1958 年 5 月参加卫生工作，先后在前下沟、刘海、邓庄卫生所工作。1971～1991 年 10 月在大张卫生院工作，现退休在家。

史大庆　1948 年出生。莘县五中毕业，1968 年参加卫生事业，1979 年获山东省卫生厅颁发的乡村医生业务职称证，1980 年开始做赤脚医生，1982 年获得乡村医生证书，1992 年获山东省卫生技术人员证书。1993 年村卫生室被聊城地区评为百佳卫生室，2001 年获中华人民共和国医疗机构执业许可。30 年来，一直在本村卫生室行医，不管刮风下雨，天气多恶劣，随叫随到，救死扶伤。外村村民常慕名而来，锦旗挂满室内。同时兼任信贷员，管理村民的存款金融业务。

张立兴　1961 年 1 月出生。1982 毕业于聊城卫校，1983 年青岛 301 医院进修，1984 年回大张家镇卫生院工作。曾在张寨、十八里卫生院工作，在柿子园卫生院任院长 9 年。现退休，莘县建民医院慕名聘请他为心内科主治大夫。

史乃刚　1975 年出生，1995 年莘县卫生学校毕业后接替父亲史大庆的工作，年轻有为，是村委重要成员，会计、民兵连长，又是本村卫生室负责人，又是信贷员、保险负责人。和村长张占华一起，组成年轻的领导班子带领村民致富奔小康。2002 年 6 月，被评为《山东卫生》杂志乡医通讯员。

第七节　在外地的老凹张人❶

张先聚　从事中国军事战斗机驾驶员 30 年，因职业原因，需要保密，与外界联系少，早年去东北锦州，现在北京丰台区。

张先民　全国五一奖章获得者，全国人大代表，中国核潜艇首席执行官。因职业原因，需要保密，直到去世，家人才知道。儿子也是核潜艇专家，与外界联系少，现在辽宁锦州。

张先源　与张先聚、张先民是弟兄三人，小学文化，通过自学努力做到电子管厂（777 厂）副厂长。

张维德（友）（1920～1980 年）　20 世纪 40 年代参加过抗日战争、解放战争、淮海战役。身经百战，随大军南下，被安排在广东省江门市房地产建筑局，任局长。

张绪珍（1922～1982 年）　20 世纪 40 年代参加革命，曾在观城县、朝城县、茌平县、东阿县工作。

张维法（1922～1982 年）　青年时期参加中国人民解放军，曾参加过抗日战争、解放战争。1954 年退伍还乡任县财政局局长。1990 年退休。

张维瑞　1927 年出生。1951 年参加工作，曾在孙庄、马沟代销点工作，在观城综合厂、五金部、供应组任会计。

张先举（1930～1996 年）　1954 参加工作，曾在观城县、范县供销社工作，任范县供销社主任、范县财政局局长。1990 年退休。

张维献　1969 年 11 月 28 日出生。中共党员，本科学历，统计师。1987 年 8 月至 1992 年 2 月在濮阳市工业局办公室工作；1992 年 3 月至 2001 年 12 月在濮阳市重工业局生产运行协调科负责统计、安全、生产等工作；2002 年 2 月至 2003 年 6 月任濮阳市墙改推广中心副主任；2003 年 6 月至 2004 年 4 月任濮阳市墙改推广中心主任；2004 年 4 月任濮阳市墙改办主任、河南省墙材协会常务理事。

---

❶　家乡每一位父老乡亲的面孔、事迹都应该有所提及，但由于篇幅、时间有限，只能写为村庄做出重大贡献者，请未被提及的乡亲谅解。

张绪成　英雄张家银的儿子、烈士张绪交的弟弟，现在河南省安阳工作。

杨建钊（乳名杨喜亮）　村庄第一个大学生，现在濮阳市油田管理局工作。

张振刚　1983年出生，毕业于聊城职业技术学院，现在临沂市江鑫钢铁有限公司，从技术员到厂长。

附：

老凹张村歌

（第一遍稍慢，第二遍稍快）

作于2016年7月6日

作者简历

张杰，乳名书君。1970 年 6 月出生于山东省莘县大张家镇老凹张村，父亲张先宝，山东省莘县大张家镇联校校长，母亲原四记。父母取名为书君，渴望成为书中君子之意，不负父母重望，书君拿到了双硕士学位，达到了"书中君子"。

学习经历：

1982～1985 年，山东省莘县大张家镇中学学生

1985～1988 年，山东省莘县一中学生

1988～1990 年，聊城大学英语系专科

1992～1995 年，聊城大学英语系函授本科

2005～2008 年，南昌大学人文学院硕士研究生

2005～2008 年，山东师范大学英语教育硕士研究生

工作经历：

1990～2005 年，山东莘县二中

2008 至今，山东外事翻译职业学院、山东财经大学

获奖情况：

1989 年，获聊城大学系级奖学金、模范干部

1990 年，获聊城大学系级奖学金、三好学生

1992 年，获聊城心理学会优秀科研成果三等奖

1993 年，在山东省教学研究室组织的 93'英易达杯中学英语竞赛中，获优秀指导教师三等奖

1995 年，在高中教学成绩评比中获优胜教师三等奖（莘县教育委员会）

1995 年，获聊城大学优秀函授生

1998 年，在山东省中学生英语口语竞赛中指导学生，获高中组优胜奖

2001 年，论文《谈素质教育中的英语教育》《浅谈英语课堂教学中的素质教育》分获二等奖

2006 年，获南昌大学一等奖学金，开题报告优秀

2007 年，获南昌大学一等奖学金

2010 年至今，每年指导山东师范大学外语学院硕士研究生论文六七部，并作为外聘专家参与硕士论文答辩

2016 年，指导山东财经大学校级重点课题"三千计划"：会计学院"助力扶贫，筑梦齐鲁——滨州市阳信县水落坡镇古典家具推广模式调研"行知纵队调研报告。正申请省级优秀课题

科研成果：

1. 专著：《明代江西藩王研究》，黄河出版社，2016 年 4 月。

2. 专著：《中国村庄社会变迁研究：鲁西南老凹张村的百年演变史》，知识产权出版社，2016 年 12 月。

3. 主编：《旗舰英语·中考真题精解与精练·单项选择大突破》，延边大学出版社，2016 年 5 月。

4. 副主编：《殿堂英语·高考英语·听力专项突破》《单项选择专项突破》《完型填空专项突破》《阅读理解专项突破》《短文改错专项突破》《书面表达专项突破》系列 6 本，济南出版社，2016 年 10 月。

5. 副主编：《山东省 2016 年中考试题详解精练》（英语），山东艺术出版社，2005 年 1 月。

6. 参编：《山东省 2016 年中考试题详解精练》（政治），山东艺术出版社，2005 年 1 月。

7. 副主编：《新课程自主研究》（高中历史），山东人民出版社，2006 年 5 月。

课题研究：

1. 2015 年，山东财经大学课题：《基层工会组织在非在编职工入会工作中经验、困难、建议》。

2. 2016 年，山东财经大学课题：《互联网＋阅读时代提升大学生文化传承能力研究》。

3. 2016 年，国家社会科学基金项目课题：《基于投入—投入—状态—产出框架的高校图书馆建设促进学科发展绩效评价研究》（项目编号：

15BTQ002）。

发表论文：

第一作者：

1. 《从历史的角度看今天仕人的道德水平》，《中国学术研究》，2006年6月，第3卷，第50~51页。

2. 《华夏孝治的作用——以汉代"以孝治天下"为例》，《科教文汇》（核心期刊），2006年7月，第168页。

3. 《从科举制谈人的道德素质培养》，《重庆工学院学报》（核心期刊），2006年增刊，第109~111页。

4. 《浅析中国古代官吏资格制度》，《世纪桥》，2007年5月。

5. 《外语教育应该从幼儿开始》，《中国教育理论与实践》（核心期刊），2007年1月。

6. 《评析明代藩王制度》，《山东师范大学文科学报》，2007年6月。

7. 《明代藩王对社会的消极影响》，《山东师范大学学报》，2007年10月，第52卷，第2期。

8. 《浅谈英语词汇学习策略的研究与应用》，《山东外语教学》，2008年1月，第122期。

9. 《多渠道引导财经大学学习》，《遵义师范学院学报》，2016年8月。

第二作者：

1. 《传统"官本位"思想对当代大学生就业的消极影响及对策分析》，《长春工业大学学报》，2006年第27卷第1期，第104~106页。

2. 《论社会主义新型农民的培育》，《山东经济》（核心期刊），2006年第5期。

作者自传

我于 1970 年 6 月出生于山东省莘县大张家镇一个偏僻的小村庄老凹张。在这个儒家思想的发源地，男尊女卑根深蒂固，女婴的诞生不受欢迎。因此，从出生就注定了我一生与世俗偏见、命运作斗争、赌志气、立大志，付出比常人多倍的毅力去拼搏奋斗。

童年生活很艰辛，刚够温饱，谈不上营养。父亲是村庄小学校长，天天忙学校，母亲家里田里忙。弟弟出生后，作为女孩的我，地位降到冰点，无论我怎么好好表现，总是挨骂。女孩为什么要经受如此不公平？年龄稍大明白很多女孩都如此。我默默做事不与人争、暗地却赌志气，这培养了我忍气吞声、吃苦耐劳，同时骨子里不认输、轻不言败、矢志不渝的骨气，这种骨气支持我克服身心的痛苦、克服无数艰难险阻。

小学时，在父亲培养下成绩一直名列前茅。五年级时，父亲调到邻村道士路小学，我去另外邓庄小学读书。冬天，踏雪回家常冻得手脸起冻疮，同一床睡觉的大女孩晚上把被子卷走或踢翻暖瓶，我寒夜里常被冻醒、睡冷水浸泡的湿被褥……今天想起来也算天将降大任，苦其心志、劳其筋骨吧。

小升初时，我考上镇重点初中，亢同德、韩经明、韩经科、岳自引、邓九粉、张吉海老师都是我敬重的恩师。中考面临两个选择，考上中专或高中。莘县师范学校、卫校是农村学生最好的归宿，考上就意味着跳出农门跳入龙门，吃了国粮，毕业后就是国家干部。班里数一数二的才能考上，不少学生复读好几年才考上。我不够中专分，考上莘县一中。考虑我潜力不大，家长决定让我复读。然而，复读过程中，师长说因为是女孩才不让上高中。在那个逆反的年龄，自幼被压抑了十几年的委屈喷发。第二年中考我选择了读高中考大学。

我读了莘县一中，在万分重压下，没有同龄人的快乐，却有同龄人的几倍的努力和忧伤，暑假完全变成村姑，没时间学习，在庄稼地里看书。高考结束后，7 月 28 号发榜日，不敢去母校看分，惴惴不安等待老天的开刀，那几日我天天准备好农药瓶子，准备好了若落榜就喝毒药来结束自己的生命，分数决定着我的生命。

我永远忘不了高考分公布的那天。那天傍晚，父亲和德生哥从大张下班回来，每人车上驮了几个西瓜，一群人跟在后边，父亲高兴地喊众人吃瓜。我不知什么事，大家谈笑间说我考上大学了，在满院子人的欢笑、祝福中，我没有高兴，但怎么也擦不干眼泪……

哥哥说，父亲知道 28 号发榜，开会没去看分，会议结束看到我同学，急问是否看分去了？多少分？考上没？接着想问我的成绩，但女孩的泪水说明了一切。父亲满心疑虑，决定第二天一定去莘县看分，走了没几步，女孩大声喊："张校长，8 月 5 号您家张杰去英语口试。"父亲急问："口试是上线还是没上线？"女孩哭着跑远了。他快速跑回大张中学找正在上课的武老师，武老师笑答："恭喜张校长，是上了线才让口试，你孩子考上大学了。"40 多岁的校长父亲像孩子一样跳了起来。原来，父亲的关注更多、盼望更强、喜悦更浓……我所有的委屈都没有了，一切都化作了喜悦的泪水……我与命运赌了一把，向世俗偏见挑战，我赢了。我成为村里开天辟地第一位女大学生，方圆几里，整个镇上少有的女才子。改变了我自己的命运，改变了女孩上学无用的旧俗，高考的成功给我人生注入了奋斗的活力，从此，再苦难的事情难不倒我，这种骨气鼓励我继续奋斗。

大学里，我绽放了多彩的人生。在学习上是佼佼者，英语口语最好；任班干部，组织领导班里所有活动；音乐方面参加文艺队；体育方面参加田径队，拿过女子组所有奖项，400 米、800 米、1500 米，1989 年冬季越野赛我拿了英语系女子组第一名；参加英语演讲赛获奖；获学院奖学金、优秀班干部……总之，大学里我是能力超强者，毕业多年后，外院老师还记得 88 级这位能力很强的学生。大学毕业想去外贸局做翻译、去濮阳市工作，但一个小女孩的力量拗不过命运，我回母校大张中学教书两月，但心高志远的我不想终生留在小乡镇。

我去了莘县二中，大学毕业第一年被安排教高三。学校位于朝城镇，距莘县县城和家乡都四五十里路，犹如当年上山下乡的女知青一样，我只身来到没有任何亲戚朋友的陌生地方，环境差，住宿的青砖老房子窗棂是木头的，夜晚常受到痞子骚扰，睡觉时用桌椅水盆顶住门，常吓得夜不能寐。工作方面，班里半数学生比我年龄大，还有我高中同学复读，我资历低，学生不配合，初为人师的我尝到的是学生为难的艰辛，不知流过多少泪。即便如此，我自己选择的路不想放弃。我先听课、再备课、讲课，学生刁难的问题我问经验老师、查大量资料解答。上课时提问学生背诵课文，学生不背我背，高中两年的课文每一篇我都倒背如流，知识点扩大提高，最后得到学生的认可。这一年是艰辛的，但打下了坚实的高中教学基础，之后的多轮教学从高一到高三，我轻车熟路。

教学第二年，我认识了大学同学、同事岳远尊，同教一个年级，同样远离家乡，对面办公，同样的工作使我们越走越近，从同学、同事、朋友、恋人走到夫妻。结婚是苦涩的，没有世俗的排场、鲜花、物品。婚后教学依旧，每人一间平房合在一起成了独门小院，传统意义说，有了家庭、事业，日子也算可以了。但是二中是二类高中，招收学生是一中、实验高中录取剩下的学生，升学率低、不出成绩。每年一中、实验扩招需补充师资，不少乡镇中学老师、我的学生纷纷去试讲调入一中，但是教育局为了保住二中力量卡着不让办人事关系。逆境不服输的我再次鼓起勇气准备考研实现自己的理想，为考研推迟两年要孩子，岳老师也不愿堕入上课、喝闲酒、打麻将的浑浑噩噩生活，开始苦读考研。在他考研的过程中，我承担了所有家务，包括他的备课和批改作业。第三年孩子岳梦斐出生，在我经历分娩的恐惧痛苦时，岳老师正在考研，考研结束孩子已经三天了。小斐出生后，我停止了考研。

岳老师报考中央金融研究所，奋战几年，今年这科受限、明年那科受限，总有差距，不得已改专业报考山东师范大学，又准备三年。孩子从开始懂事起见到的都是父母勤学苦读，这对她产生了重要启蒙读书的作用。

2000 年，岳老师工作 9 年后考上山东师范大学硕士研究生，9 月他去读研，我带着上幼儿园的孩子。高中工作不许迟到、早退、耽误晚自习辅导，一个月过一次周末，每天与学生同步起床，上午、下午四小时、晚上三小时都要在办公室里备课、批改作业，教务处不定点查岗，来回接送孩子成了大问题，但再难我仍鼓励他展翅高飞。2001 年，我来到济南，一边在民办高中教书供岳老师读书、孩子上学，一边考研。

2002 年年底，从老家接 7 岁读二年级的小斐来济南过年，孩子哭着不回去，户口在外地、交不起借读费、在济南好学校上学没门路，在北大槐树第一小学——流动人口子女的学校读书半年，生活的磨难几乎把我压垮。

2003 年夏，历经"非典"，岳老师毕业找工作，几经周折分配到山东经济学院，重新给小斐找学校。小斐考上附近燕山学校，要交一万学费，我又难得直哭。用光积蓄老底、借钱凑够学费送孩子上学。再次在学校附近租房子。他俩稳定了，生活压力减少许多，岳工资养不起家，我又重新找到两所高中教学。

周末、节假日到学生家里做上门家教，多年的高中教学养成我风雨无阻、从不迟到早退的敬业习惯，有两次快到学生上课时间了，过马路被喝酒的司机撞到，自行车被撞坏，我爬起来准时到学生家上课。还有两次在开园山庄坡度很大的下坡自行车刹车失灵，眼见快到十字交叉路口，黑暗模糊的夜晚若一路冲下去，被车碾压成碎片、化成血水也没人知道。我想下车，但是一只脚没下来，摔倒了，自行车惯性拖我一米多远，当时若后面来一辆车也可能碾压。摸摸热辣辣的右腿黏糊糊一片，才知满腿是血，自己还活着。第二天拖着伤腿接着上课，这条路我至今恐惧。回想我经过的几次事故，每次都是致命事故，但是我都奇迹般活下来，几次都是我擦干血泪，爬起来继续前进。

四年来我一直为职业、工作奔波，天天像拼命三郎一样为生活打拼，经历着家务缠绕、生活的重重压力。2004 年是我一生中身心备受伤害的一年，生活的磨难没把我压垮，我把伤痛化作考研力量。这年 10 月、11 月，我分别报考了山东师范大学英语教育硕士和全国统招硕士研究生。

2005 年 3 月、5 月，我通过了两个复试，考上了双硕士研究生。有志者的生命是顽强的，我多年的付出得到了回报！两个硕士舍哪个都可惜，最后决定申请教育硕士休学一年，在鱼和熊掌不可兼得的情况下，我都得到了，上苍不绝有志人！就这样，在步入中年、历经磨难，35 岁的我重新焕发青春，去两千里外的南昌大学与小十岁的同学攻读硕士，同学、导师无不敬佩！远离家乡、抛家舍子，奋斗之路历尽艰辛。导师吴小卫、周兆旺、顾兴斌、袁礼华、宋三平给我学业上很大帮助。我学习专业课同时还学习了日语、法语、德语、韩语。课余在江西大宇学院、山东英才学院教授过英语系的专业课（翻译、语法、词汇学、英美文学、读写、口语等）

和大外部的公共外语课，教过中国近现代史等两科。

2006～2007 年，南昌大学论文开题报告后，我在山东师范大学读研一，像燕子来往于两所高校之间。山东师范大学研一结束时，我做南昌大学硕士论文《明代江西藩王研究》，获得优秀。2008 年 1 月，南昌大学论文顺利通过答辩，拿到硕士学位；6 月，山师大英语硕士论文《The Strategies of Remembering Words in Vocational School》顺利通过答辩，又拿到山师大英语教育硕士。顺利拿下双硕士学位。

我攻读学位稍晚，尽管接下来找工作也历经周折，但有了前面几次阅历，我没有过多气馁。2008 年我去了山东外事翻译职业学院工作。2010 年进入山东财经大学工作至今，教各种英语课，桃李满天下，方法独特，深受领导和学生欢迎。事业方面，除了学校工作，自己开办了外语培训学校，四个校区。我的孩子已准备考研或出国读研。房子在校内校外也都有了着落。

回顾我的半生，经历了几次大起大落，但始终不气馁，不向困难低头，我智商并不高，但我有坚强的毅力，锲而不舍。我自幼志向高远，初中时渴望高中；高中时渴望大学；大学时听老师讲研究生见闻，又向往研究生；读硕士时听到老师讲博士、博士后、院士，又引起我对更高桂冠的追求……在学术上我就这样被学长吸引，一步步走过大学、硕士，现在在读博士。时至今天，人到中年，我学业、工作各方面也算成功，但还没有停下奋斗的脚步……我要做高山上的青松，抵挡得住各种风雨雷电，一步步走得更加坚定……

后　　记

2016 年 9 月 30 日，熬完最后一个深夜，《中国村庄社会变迁研究：鲁西南老凹张村的百年演变史》定稿付梓。三个月天天熬到深夜，视野已经模糊。写稿子的过程是艰辛的，常常早上打开电脑，一坐就是半天、一天、直到深夜，一旦形成思路，不想受任何打扰，吃饭、睡觉、交流都似乎游离于身外，常年写稿的人艰辛可想而知。半年也许不是太久，但对于时刻牵挂老凹张村志的人们，确实期待已久。

2016 年年初，作者提出了编书构想时，村支部书记张占华热情支持，才使得作者下定决心着手编写。其间作者在上课之余争分夺秒地去写，村内广大父老乡亲皆献计出力，提供素材。20 万字，涵盖村内历史、地理、政治、经济、文教、人物等各个领域和社会层面。

大张家镇党委书记、莘县政协副主席顾磊从多方面给予帮助，并最后写了序言，前任村党支部书记张先同、现任书记张占华给予了帮助支持。经费上顾磊书记、张永刚给予很大帮助。资料上张丁材老师提出了诸多有价值的修改意见，并给出已经搜集整理好的有关本村来历的资料。莘县县志办颜廷勇老师，给了总体把关。

从资料收集、初稿、修稿、定稿，无不审慎细致、精益求精，足迹遍踩村头巷尾，问询长者前辈，联系北京、石家庄、贵州、辽宁锦州、河南安阳、范县的村民和后人，他们都将所积文资奉出，佐以参考。展起伏案，夜继不息，呕心沥血。书稿汲取了历来的精粹，日臻完善，编著成功，得益于专家的点拨和各界的鼎力支持。收集资料时，耄耋之年的老校长张先宝（作者父亲）、张先峰等，整日奔波于村庄各家在外工作人员，索要号码，积极联系。一边回忆、修正史料。村民则积极提供各类素材、文献、史料。早年当兵出去的张宪增女儿青素，张先成儿媳李亚珍，英雄张家银的儿子、张绪交的弟弟张绪成等都提供了宝贵的历史资料和图片。

村庄人才济济，记入本书的各类教育、艺术人才、企业家，热爱家乡，有一颗为家乡奉献的赤子之心。他们分布全国各地、各行、各业，都有各自的专长和优势。如果使他们的科技、才能、专长优势，与本村的自然资源、文化资源、劳动力资源有机地结合起来，一定能开发、创造出高效益的新型经济项目，我们一定要重视、利用这个发展优势。

村庄具有优良的村风、民风，以及"悯贫扶弱、济困解难、热心公益、好善乐施"之风，以人民利益为重、不媚权贵、秉公执法、正大廉明，久传成俗的"重义气、讲礼让、勤耕作、尚节俭、求团结"的"和谐"民风，自古迄今的兴办教育、善教乐读的"育才"传统，都是前人留给我们的珍贵精神财富。书稿的完成，给子孙后代留下一笔丰厚的精神财富，是村民珍贵的精神财富和历史遗产。析古鉴今，启迪后人。

我们要把继承、光大优良的村风、民风、传统，与当前学习新时期楷模人物活动紧密结合起来，必将大大促进我村的精神文明。真正做到物质、精神两个文明同发展，早日把我村建设成为社会主义的新农村，实现村庄致富强大的村庄梦，小家映射大家，进而实现国家繁荣富强的强国梦！

在《中国村庄社会变迁研究：鲁西南老凹张村的百年演变史》出版之际，谨此向所有关心编纂工作并寄予大力支持和热情帮助的专家、教授、单位领导、同仁，表示衷心的感谢，并致以崇高的敬礼！编纂责任重大，但由于我才疏学浅，水平有限，难免有舛误和不尽人意之处，敬请指教，并提出宝贵意见。

家乡每一寸土地、每一位父老乡亲都应该写到书上，篇幅、时间有限，未写到者请见谅！

张　　杰

2016 年 9 月于济南

致　　谢

我对此书的写作都源于对家乡的热爱。这块神圣的热土不仅给了我生命，而且赋予了灿烂的文化、可歌可泣的革命功勋，以及许多骄傲。一代又一代人出去了，永远离开了这里。

自求学以来，学问上走得越高，我离家就越远，我很想给家乡作出点贡献，比如看到几十年的学校因孩子越来越少，被合并到邓庄，很想保住小学，但经济上有心无力，唯有学问上给家乡父老留点记忆。写此书不为炫耀，各方面我走得不算高，只是学问上给后代人带了头，树高千尺也忘不了根，多年以来，心中一直萦绕着这个想法，把整个村庄自古至今的经历写下来，从自己奋斗经历上给后代人留下点启迪，引导后人努力……

在书稿完成之际，要对所有帮助的人表示感谢：

感谢大张家镇书记顾磊的各方面热心安排，感谢莘县县志办颜廷勇老师给予帮忙，感谢张丁才老师百忙中找出相关资料，节省了我的查阅资料时间。

感谢村长张占华给予村委党支部人物等各方面资料的提供，及搜寻资料、发来图片。

感谢父亲张先宝校长和叔叔张先锋（继明）校长、先同叔、绪仁哥、维合爷……

感谢远在外地的村民和后代提供一手资料，是他们对勋章、奖牌进行了很好的保藏，当用到时无偿捐献出来，其中有张宪增的女儿青素姐发来的照片；张先成的儿媳李亚珍去档案室查找发来的先成伯父的资料和勋章图片；绪成哥发来父亲张家银、哥哥张绪交的各种勋章、烈士证明等资料，使我们更清楚地感觉烈士的伟大。

感谢我在外地的父母，暑假两月、中秋节就没顾上看望生病的母亲，顾不上打电话，也深表歉意……

感谢我的大哥张绪斌百忙中谱写村歌，发来资料图片！二哥德生整理照片。

感谢我的兄弟姐妹拍摄、搜集、整理资料图片！

感谢山东财经大学毛文鑫、刘旭、冯斯汉、刘业如同学给我整理资料上提供方便。

感谢我的家人对我一如既往的支持和为我做出的一切。写书期间常顾不上食宿、家务！

感谢知识产权出版社宋云、王颖超老师的多方指点，王颖超老师不厌其烦地再三修改，包括小的标点符号。

也感谢我的孩子的支持和理解，在此对孩子道歉，成书期间顾不上你的学习、生活，顾不上解答你的问题，忽略了你许多……

谨以此书奉上我所有的感谢！弥补我的歉疚！